Uwe Dick
Der Öd · Monolog eines Radfahrers
Cantus Firmus für Solisten mit Pferdefuß

SERIE PIPER
Band 618

Zu diesem Buch

»Ein Gesamtkunstwerk aus Spiel & Sprache. Performance? Dichterlesung? Zu klein, zu klein! Ein Karl Kraus aus dem Innviertel ist er, ein Mann des gelebten Widerstands gegen die Diktatur der Deppokraten.« So der Südwestfunk Baden-Baden zur Uraufführung des »Cantus firmus«, eines mephistophelischen Rollenspiels zwischen einem Dichter namens Dick und der Frau Welt, einer neunmalklugen Reporterin, die ausgezogen wird bis auf die letzte Phrase. Daneben in diesem Band: Die »Überlebensprosa« »Monolog eines Radfahrers« sowie die Ur-Szene deutschen Wirtshaus-Faschismus »Der Öd – Das Bio-Drama eines Amok denkenden Monsters«.

Uwe Dick, geboren 1942, lebt am Salamanderberg über Brannenburg/Inn vom (Wander)Theater sowie vom Garten- und Satzbau. 1986 erhielt er den Marieluise-Fleißer-Preis, 1987 den Tukan-Preis der Stadt München.

Uwe Dick

DER ÖD

Das Bio-Drama eines Amok denkenden Monsters

MONOLOG EINES RADFAHRERS

Überlebensprosa

CANTUS FIRMUS FÜR SOLISTEN MIT PFERDEFUSS

Ein panakustisches Optikum, u. a.
für Hundskopfstimme, Reporterin, Lachmöwe, Saxophon,
Kontrabaß, Religion und Weißes Rauschen

Piper
München Zürich

Die Originalausgabe des »Öd« erschien 1983, die von »Monolog eines Radfahrers« 1985, beide im Andreas Haller Verlag, Passau.

Von Uwe Dick liegt in der Serie Piper außerdem vor:
Theriak. 13 Fügungen. Mit einem Essay von Eva Hesse (564)

ISBN 3-492-10618-8
Originalausgabe
Dezember 1988
© R. Piper GmbH & Co. KG, München 1988
Umschlag: Federico Luci
Gesamtherstellung: Clausen & Bosse, Leck
Printed in Germany

INHALT

Der Öd 7

Monolog eines Radfahrers 49

Cantus Firmus für Solisten mit Pferdefuß 79

Zu den Texten 140

Bilddokumente 143

Der Öd

Das Bio-Drama eines Amok denkenden Monsters oder:
Wechselfiebrige Anfälle von Weisheit, Torheit und Faschismus. Eine volkskundliche Studie

Wirtsstube. Mattes Licht über vereinzelten Zechern.
Ein Ventilator leiert. Im Eck das obligate Kruzifix.
Eintritt ÖD.
Ersessenes Recht leitet ihn zum Stammplatz.
Er setzt sich, dreht die Krempe seines
Knautschhutes tiefer in die Stirn, mustert seine
Umwelt und spricht:

HabedÄhre!
I bin da Ed.
Kennts mi ebba need?

Macht nix. Werds mi scho no kenna lerna, mi und an Toud!
Da Weg ind Ewigkeit   is gor need weit: Um fünf
dees foische Wort,   um sechse wara dort!

Lissiii, gschwind: a Bier und
a Zwetschgnwassa,
damit i duachschtäh,
(schnaufend in die Runde)
wos i siehch!

(halblaut)
PfüatiGott!
Oschaung deans mi, wias Kardinalskollegium
an Herrn Jesus ogaffat,   wenna aufamoi
einetretat   im Namen der Liebe!

Ja habts denn in eiam Leem
no nia need   an einfachn Menschn gsähng?
Saan de heit scho so rar?
Wundan daats mi need   in dene kinstlichn Zeitn,
wo doch ois Verpackung is,

Glanzpapierlzeig ummadum,
Platschari-Plempi-Krempi ummanand
und koa Inhoit nimma, ... und wenn, dann aa oft
dafeit!

Aba i   mach do need mit, iii neeed!
I bin, wer-i-bin und i bleib...
(nachdenklich-einschränkend)
wer i...
    Zeascht amoi,
bevori nacha: Arsche zu
Arsche, vaschtähst, hinunterrr
in die dunkle Grube   nach Gottes
unauffindbarem Rat   Schluß   Aus und Amen.

Aba dooo,
    doda, vaschtähst, dooo
(deutet auf die Tischplatte)
bleibi, wiari bin!
Metamorfotzn hi, Metamorfotzn her...
(Drohblick:)
Oda mecht   do oana
s Gegnteil behauptn?
(lacht lautlos-fängisch)
Riskant! Da Weg ind Ewigkeit   is gorneed w...
I moan,
rein philosophisch gsähng,
saan mir ja olle, wia ma saan. Jaw-
olle. Da is need
oana, wiara need is! Need *oana*
vo dem Hauffa Boana. Koana
ko aus: de Großn need, wia de Kloana.

Koana ko aus: Kini, Kaisa, Ölscheich
oda Papst –
er ko need aus.

Need amoi i hob auskenna. Drum
– saubläds Drum! –
zoih i heit oana.
Scheißtheologieschtudium, vaschtähst,
dees wosesi eibuidt ham nach meim Feidzug aufs
Gymnasium!
Und dees aa bloß, weil so a krumma
Vawandta grod gmoant hot, i schaugat
intelligent drei:
»so aufgeweckt der Jüngäää!«
Dabei weri, wiari mi kenn,
lediglich an Hunga ghabt
ham. Scheißtheologie!
Oamoi
need aufpaßt, vaschtähst, jungundumm wiamawar,
oamoineedaufpaßt...
(Seufzer der Abfindung)
Aba mei
– schreckt da Bock im Mai,
is da April voabei –
in so am Foi
ko ma hoit nix andas macha,
ois wiaran
Vadda!
Scheißtheo...
(verträumt-sonnig)
Maria hoaßts.

    Schwarze Hosn
    Greane Bandl
    Und mei Schatz
    Hoaßt Mariandl
Und i
da Josef, da Zimmara
und da Esl dazua!
(undeutlich, theatralisch)
Na, nananana: fff(rrr)uuuu(rrr)cht-baaar!
I moan, sie is need unguad!
(selbstgefällig)
Sonst hätt-is ja aa need... näa?!
Ziziwischbal, ziziwaschbal,
Muadda, heiratn   daat i gean,
weil es beißt mi   da Kini Kaschpal,
Daß i narrisch kunnt wean!

Na, na, do hob i scho richtig higschaugt, aa,
wenn ich lechaldamisch gwen bin: übas Mariandl
loß i no heit nix kemma
außa mi!
(irritiert)
Wos?
Sie!
Da brauchnS iatz
gor need
so ironisch lacha!
Übahaupts,
i kenn Eana ja gor need!?
Wia kemman Sie eigntlich dazua, zlacha?
Saan Sie do dahoam?
Ham mia uns scho amoi griaßt?

Sie, passnS' fei auf: WennS' scho
zuahean dodaa,
wennS' scho lusn, wia dSau voa da Meihdia,
nacha hoitnS' wenigstns Eana Lacha zruck, Eana
koutbatzats!

I moan, i loß mi iatz do gor need
zu iagndweichane Personalien hireißn, aba
dees mecht i na dengascht amoi klargschteit hom:
Leit, wia Sie, kennan ja bloß
üba andane lachn, weils seiba zum Woana saan!
Leit, wia Sie, kennan eanane Kartn
gar need offn aufn Tisch legn, weils
need auffiglangan!

Ea, vaschtähst, Ea: Daat mi o-schlabbatzn!

Duuu, gib fei obacht,
daß Di beim Hoamgeh
koa Bibal need o-foit!
Schaugat bläd aus,
Biafrakeapal, grindigs!

Dankschen, Lissi, goidige Oasn!
Du, i soi Da an schena Gruaß ausrichtn, vom...
Zefünfal, iatz woaß-i-nimma, vo wem!
Bloß, weil mi dea Dopplgänga
von am Strichmanndal
seim Hoibschattn
draußbrocht hot
mit seim Lacha, mit seim unqualifiziatn.
Mi, vaschtähst. Ea – mi, host gheat!

(übersüß, naivelnd)
Kimmt eina doda
und schpuit mit seim Lebm,
wia wenna need wissat,
daß' mi zFuchsing hint
an Eisntoud hoaßn
und in Eding
an Kropfreißaaa!
Grod guad, daß mi gestan
koana greizt hot, sunst
daat i iatz glei
duachschtartn
und Di präparian firan Langschtrecknflug!

Geh, Lissi, bring ma a Zigarrn,
bevori obruck   von meim Neitralitätsprinzip
und mit eam zamm, aso-scho, daßasi
firan Astronautn oschaugn miassat, weila
ewig und drei Tag
nix andas meah sehng daat, ois wia
handtellagrouße Schteandl!

Daat si auffelacha, ea!
Dabei schwimmat   in da guadn oidn Zeit
a soichana wia Du   scho lang an Inn obe,
pätschiat und ausgnomma!

Aba unsaoam, human bis zua Unkenntlichkeit,
vaschtähst, un...
   Dankschen, Lissi!
(zündet die Zigarre an)
   Servus, Beppi!

Pfüati, Seppi!
Wos is? Obis Blaadl mächt? Naaa,
dankscheen! I bina Individualist:
I kaaf ma mei Buidzeitung seiba!

... unsaoans,
dea wo si zruckpfeifn loßt, von seina
innan vox humana,
dem wead aa grod dees ois Blädheit
ausglegt,
ois Schwäche,
von soichane Abertausend,
wia Sie oana saan:
Serienkepfal
ausana Nutzmenschnbatterie,
Grästl aus da Ehe vom Wik-Hustngschpenst
und am Weißn Riesn!

Moant, i kannt need bis drei zäihn, weili
eam sein Hauptfähla duachgeh loß, deawo ea
seiba is!

Aba a soichas Leidn Christi
in Schmoiz aussabacha
bringt mi need aus da Fasson!
(brüllend)
Miii-need!!!
   host gheat?!

Geh, bleimS' ma doch vom Fuaß
mit Eanane schriftdeitschn Manschettn!
S Schriftdeitsch

huift gor nix, wenn oana nix zum Sogn hot,
und is aa koa Garantie need
gegn an Hirnschwund,
der Eana aba gorneed beunruhign bracht,
weil do nix is, wos schwindn kannt!
Weil bei bloß am Ansatz vonana Hirnschtromkuavn
hätts Eana ja funkn miassn,
daß ma si in fremder Menschen Eloquentia
need neimischt, wie da Pfarra
ins Liebeslebm von de Lampal!

Saubleeds Lacha!
   Servus, Xare!
   Woos, du gähst aa scho?
Duuu, i hätt wos
zum Mitnehma für Di!
Kimmst need
zuafällig
(Blick auf den Nebenfeind)
   anana Odlgruabm voabei?
   Need?
   Oiso nacha, dann nixfiarunguad!
PfüatDi,
   Seavasss!
(aus dem Konzept geraten)
Scheißtheo...
               oissooo,
                          wos i sogn mecht...
Mecht?
Inara Demokratie   und meeecht?!
Ja himmeteife, wia hammas denn, ha?
Wo bleibt denn do dea Mitsprachedingsdoda,

der wo am jedn zuaschtäht   und mia
scho glei zwoamoi,
weil i eh so seitn ebbs sog?!
(brüllend)
Wo bleibts denn, ha?
Hammas oda hammas need?
(lacht künstlich-hysterisch)
De – mo – kratie!
Dee moog grod iii!
hotta gsogt
unds Madl in Woid einezarrt!
Deppo-kratie, sog i!
Scheindemokratie,
GeldScheindemokratie, sog i!
Werte?
Aktien!
Wahrheit?
War-heit a Gschäft?
Na, na, na, es liagts mi need o!
Wea nix hot, dea is nix.
Wer da hat, dem wird gegeben werden!
Ois wead kaaft
und de meistn saans scho woan!

Aba   i   need!
I spring eich ausse, ausm Tretradl!
Wia?
Indem daß i fast nix brauch,
wofia i werkln miassat.
Und weil mi koa Besitz need bsitzt,
hob i Zeit.
Zeit zum Denga, Zeit zum Lebm!

Do is nämli koa Untaschied
zwischen Lebm   und Denga.
Bloß oana
zwischen Lebm   und Vegetian
(geisterseherisch)
Aaaa-ha-haaaaa, iatz heri eich schooo,
es niedaschprachlich organisiate Fleischpflanzal;
es duachrationalisiate Leichnziiig,
es Geidfratzn, klappa-di-klimpa-di-klappa,
mit eira voagschtanztn Arbeits-Müdologie
und dem Gsoach vo Sichaheit: as Leem
entgäht eich   sicha heit!
Vo wegn da Schoanschtein, dea muaß...
ruacha... muaßma need!

Vazichts doch auf eiane
goidlackiatn Plastikarschfoama,
auf eire fourniertn Klosettdeckl,
auf eia rostfreis Backpuiva,
auf den ganzn Plämpi, vom
sonnabattariegschpeistn
Nosnwäama bis zum
Seibstwendakindasarg mit Windradl!

Lebts mehra ausm Hirn
und weniga ausm Kaufhaus, daß no ebbs
ibrig bleibt   fia eire Schratzn!

Oda seids ebban weitsichtiga woan
mit eiam Feansäha?
Delirium Siemens!
Schmeißtsn doch naus, den Glotzophon!

I laß mi scho lang nimma
eischläfan
von dene hoibamtlichn
Mattscheibmtelewischiwaschlaa,
von dene Massnblädien, QuasslÖdien,
Kassnschmähdien...
Weil fia de drei oda via
Alibi-Sendunga im Johr, de wo vielleicht
wos taugatn, rentiat sis Wartn need!

Und amoi ganz ökonomisch gfrogt:
aufd Nacht zwoa Hoibe Bia,
s Weibi
oooda s Dritte Programm,
soi dees a Leem sei?

He, Du,
hots da dSchtimm vaschlogn, bloß, weil i
amoi laut s Denga ogfangt hob, ha?
Ja, ooogfangt, Du subläds Lacha!

Bist aa so oana, dea wo nachiplappat:
Demokratie gheat mit Leem ausgfüllt, mit
neiche Inhalte, und no an Kneedl
obewirgt!
Vafressate Lebmsqualitätt?!

Warum schweigst jetz wiara Grob,
Demokrattla, greisliga!
Hamma a Redefreiheit   oda hamma koane?
Ha?
Oda moanst gor, dRederei

is bloß am Öttka sei Gmächt?
(bohrend aggressiv)
Sog hoit,
blaßdekadents Biaschal, dees wo
sei Weitanschauung beim Neckamann kaaft hot
und iatz nimma zrecht kimmt
mitda Gebrauchsanweisung: Hamma
a Redefreiheit   oda hamma koane?
Hamma oda hamma need?
Hamma Da an Hamma naufghaut, ha?

Ja, wosisdenn?   Beißts aus?   Streikts,
Dei Assoziativschpeichal?
Host an Kuazschluß in Deine elektronischn
Bereitschaftsweinn, ha?
(beängstigend ins Monströse)
Waxn Da schwarze Fädn   duachs Mei?
Weils Wiatshaus   sche langsam laar wead,
daß mia zwoa
amoi Platz hättn   fiaran Ausgleich,
dea wo Di im Fehlboden findn daat,
und ibara Bauklamma,
mit der i Di gscheitlt hätt,
ziagatn d Schneckn   zu de Wiam in dei Hirn!
(winkt ab)
Aba laß guad sei: Warst aa amoi
ois Mensch plant.
(tippt an die Stirn)
Do hostas need
und beim Kramer kriagstas need,
Konsumwichtl!
An' Kopf ko si bloß glanga, wea oan hot!

(reagiert auf einen Zwischenruf)
Ha?
Wos?
I soi eam in Ruah lossn?
I eam?
Ja, sogts amoi: Wea
hot si den do in wen neigmischt, ha?
(empört)
Es sei... es seidsmaja sau-bane Landsleit!
Iatz heifns aa no
zu dem heagwaahtn Gottesgnadnschoaß!
Ja, pfuideiffe: Ees
heids ma die Richtign!   Zammhoitn deans,
wia zwoa Arschbackn: wegn jedm Scheißdreck
saans außanand!
Und moanan aa no, i hätt mi auf ebbs eiglassn
mit dem gschtickltn Nulla!
Wia wenni need wissat,
daß ma auf am Scheißdreck
koana Piruettn draaht!
Oglangt, mei, oooglangt   hätt i den nia need!

Aba dees oane   muaß i eam   no gschwind
sogn:
(rückt feierlich-geheimnisvoll näher, falsch:)
Woaßt Du,
wos Dia gheat   in unsam Woihfartsschtaat?
Woaßt need, gei?!
Geh hea, nacha sog i Das:
Dia   gheat
a Pfaunfeda
in Orsch einegschteckt

unda Zigarrnschtumpm ins Mai,
aufn Kamin naufghockt
und ozundn, daßD raachst, Du Sau!
(sachlich, beruhigt)
So, dees moani, is gwen.
Hamma dees aa wieda!
Und do mog no oana behauptn, i daat need redn
mit de Leit!
Lissi, no a Bia, gschwind, gschwind,
weil bloß do wos waxt, wo wos rinnt.
    Panta Rei!
    All the day.
    Lissi, schnei,
    a hoibe Hei,
    a Hoibe, a himmlische Hei!
    Vita sine litteris mors est!
    Sine Hektolitter... Der
    Morskrug gäht so lange
    zum Munde, bis man bricht.
(freut sich des Einfalls,
blickt auf das hingeschobene Bier,
ergreift es)
So is recht:
    Poculum ad dextris,
    ad leavam panis!
    urbi et orbi et prosit
    pro mundi vita!
(trinkt zügig, setzt ab)
Ja-ha-ha! Do schaugst, gei, wiaris
heabladdl, mei humanistischs Buidungsgut,
mei griechisch-lateinischs Flichtlingsgepäck
ausm andachtskapitalistischn Meinungs-KZ,

wo uns so a Buttabauchbataillon vo Kuttnbrunza
mitam Sidoi-putztn Heilignschein
insan systemimanentn Tendenztrend
zum jux prima noctis
aus insane corpi delicti
treibm woit, praecisiii!

(Das Bier wirkt; spricht schwerzüngig)
Scheißtheologie vaschtähst.
Aba i hob scho damois   meine Bedenkn ghabt,
vo wegn, daß i,   da Ed,
a Ebmbuidl sei soit
vo EAM!
Hob i vielleicht a dreieckats Aug, ha?!
Sog, Lissi, AnneLissi, ach, Anne-L...,
hob i?   Lissi, Schicksal-   sAnnalyse;
hob i a dreieckats...? Hob i need, gei?!

Transzendenz und Schweißfiaß, wia
soi denn dees zammgeh?
Süffisanz und   Schweinshaxn   scho eha!
Aufschtiegs-mater-iii – – – aaa, hotta,
hotta hüh   gsogt, da Kardinal
afda Kechin!

I   und a Ebmbuidl   vo EAM?!
Demnach miassat ja EA
meine Hämhorroidn hobm!   Ja Pfüatigoooott!
An ganzn Kranz   saturngrouße   juuuupitagrouße
Trombosn   hättns EAM nacha aussaschneidn miassn,
hams dees?

Aba guad, wartmas ab: am Tag X
wead sis nacha schon zoang!
Wemma aussirumpln aus unsane Gruabma,
wenn uns dPosauna weckan,
wemma aufferauschn mit ausbroate Kotflügl
zum großn Hallelujah-host-ghäät!
Unda Astralwind   schpuit in unsane
Rippmharfn: dees, moani, wead so a
Knechalbosanova wean, so a intanationala!
Mit zwoarazwanzg Woikn volla Doimätscha!
Und auf oamoi plääats:
(in den geleerten Krug)
EEEEEEED!!!

Dann bin i gmoant.
Do hoaßts zeascht amoi   ruhig bleibm. Nervn!
Auf koan Foi   provozian lossn; sonst bini glei
drent bei de Beck!
Aba *oa* Frog   nimmima außa;
und wenna mi obedeiffet
ins ewige Bratwuaschtgleckal,
oa Frog   nimmima außa:

Gott,   sog i,
mit schee brav oglegte Ohrwaschl
undam selig-unschuidign Blick,
wiara de Madl hin und wieda
d virginitas kost hot,
Gott,   sog i,
allmächtiger Schröpfer des Himmels und der Erdn,
Vater von *allem*, was da ist,
also auch von Gut und Böse,

Hell und Dunkel, Black and White, Oberleib und
Unterleib, Ahuramazda und Ahriman,
Knagge und Peitz und so weiter,
Gewalt-Tigerrr,
dea wo de zwoa Gegnsätz, de wo eam seiba
entschprunga saan, aufamoi nimma zammbringt
– – – imma eingedenk, daß mei kloane
gottgewollte gottgewollt kloane   Birn
dees need übaschaugt! – – –
fia wen oda was, der Du die Güte bist,
soi dea aufwendige Schauprozeß guad sei?

Und warum, so frogt ein Chromosottal sei
Vaddagottal, warum, Du interplanetarische
Liebe und allumverschlingende Gerächtigkeit,
ohne de koane Maisal need geborn
und koane Judn need vagaast woan saan,   warum
inszenierst denn eigntlich so an zweifehaftn
Zauba, so a Quetschhaus und Foitakugl,
de wo uns, klägliche Ebmbuidl
aus siebzig Prozent
Wassa UND
Deinem eingeborenen, schmerznsreichn Sohn
aus lauta Nächstnliebe, daat i sogn, hätt
erschpart bleibm kenna?!

Is dees need ganz schee sadistisch?
Riacht dees need nach Menschnhirn, ha?
(Singsang)
Herr üba Gestern und Morgen: WosD doch ois
vorausgwißt host, wias kimmt, mit uns
und mit de Dein!!

Gnade vor Recht, Sonne aller Sonnen,
Vater der Blitze, der Kometen, der Ozeane
und aa dea von de Duckantal...
deaf eina Deinerrr Geringsten,
(langsam)
deaf i,   da Ed,   dees wissn?
Zua Feia des Jingstn Tages?

Meine Herrn!
BOING WUSCH KARTUSCH!!!

Dees hättima glei
denga kenna, daßi oane naufzundn kriag,
an kosmischn Karateschlog, an
Bummsara, de wo no dreiadreißg Lichtjahr
ummanandarumpet
in da Schteandlkamma!
Aba dees is mas weat: Frogido, ergo sum!
Komme, was da wolle!
Lacha daat i ja, wemma alle
den foischn Glaubm hättn!
Wos hächst wahrscheinlich is, weil wohea,
wenn need aus unsane Kepf,
kemmans denn alle, de Wotane, Manitus,
Walagandas und Quetzalcoatls?
Wer hot do eigntlich wen gschaffn, ha?
Gschaffn, indem daßan dengt hot?
(Blickt in die Höhe)
Du mi?
Oda i Di?
(Hand ans Ohr, als ob er Antwort erwarte, dann abwinkend)
Du mi, gei?! Aba scho glei zwoamoi!

(parodiert Stimme des Gewissens)
Bista Atheist, Ed! Bista Agnostika, ha?!
(jovial)
A Haide bini. Liaba haide ois morgn, sogi.
Mit de oidn Griechn, moani, waari am bestn
auskemma. De hobm need oanzigs oan Gott ghabt,
sondan an ganzn Berg voi. Und da obaste
is da Zeus gwen. Dea regiat aa heit no:
Zeus, hotta gsogt. Zeus oda schtiab!
Na-na-na, dees, Deus hoitsD need aus im Kopf!
Gabats übahaupts a Religion ohne Menschn?
Und fia soichane Denkbuidl,
de wo ma need beweisn ko
– und aa need beweisn braucht –
schädln si d Leit ob, dagurrrrgln se si!
Und mia mit unsam Gorillagott
   – Menschenopfer
     Opferblut
     Opferdooot, heil! –
schtehngan do need noch.
(süß-lullend)
Auch Du
bist ein Kind Gottes, auch Du!
Wooooos? Deees glaaabsD need?!
Im Namen der Liebe, iatz stich i Di ab!
Glaab oda schtirb,
glaab oda schtirb!
(eselstimmig)
I – I – Iiiii glaab ois, hotta gsogt,
Iiiiiiiii glaab ois zamm, was i dawisch!
Gott will es!
Gott mit uns gegn eich! Ihr hobts den Foischn!

Dees miaßts biaßn! Unsa Gott befiehlt:
auf gehts, mia schiaßn! ER segnet,
es regnet Granaten.
Die Religwution frißt ihre Kinder.
(sinnt)
Jesus in da Grippe lag. Naguad, wos
is dees scho, im Winta?! Aus meim Katharr
hotma doch aa koa Evanquälium need gmacht, oda?
Katharsiszeiglummanand!
Wead scho so a Ibasetzungsfehla gwen sei:
Da Esl an da Grippe, Joseph hotta ghoaßn;
und vo nix
kimmt aufamoi a Kind.
Und dann de Gschicht mit dem
Schwoafschtean und de Mohrnkepf!
Wead scho oana
bei dera Käitn
mim Belle an Boikn higschlogn sei,
voa lauta Niasn, und Schteandl
gsehng und Engl gheat hobm!
Nnnaaa, woaßtas: ex oriente jux
konni da bloß sogn. Tausnd
und eine – scheinheiligä – Nacht!
(pfeift schräg-falsch: »Stille Nacht, heilige Nacht...«)
Ährä sei Gott und die Preise
in die Höhe!
In dultsche Duslio!
EiaPopaia-Heitschibummbeitschi –
schrummbumm zäfix!
Wo soistn auf oan Schlog
so vui Gfuih heabringa?
(Pause, dann in gespielter Objektivität:)

Freili konni need beweisn,
daß koan Gott gibt: Nnna, konni need.
Drum sog i oiwei:
In dubio pro Deo!
Schodt nia inara Gseischaft, de wo
no need weida is mim Denga
ois wia bis zum groußn Wozu.
Duut das Autobuzzilein betn,
daß es ein neues Töff-töff triegt,
daß es desund bleibt,
daß es nicht dengen muß,
weil das so weh duuuutt!?
Geh, leckts mi doch am...
Wie man bätät, so lügt man.
I moan EA – – – EA gangat ja no!
Aba dees Bodnpersonal, dees is dees Kreiz,
an deesn hignoglt habm. Und heit no
hinogln, jedn Tog!

Auweh, auweh: dees waar wos woan:
I ois Geistlicha! Ui-ui-ui-ui-ui!
Iß vui Kraut, dann schtäht das Gwand schee o!
Bei dem Priestermangl, o Bube, miassn mia
aa no fia de andan essn!
Und foisch
und mita Macht im Bund!
Und koan Mai gabats dann aa nimma,
zmindest koan offizielln, weil da Frühling
is revolutionär
und die Kiach mog dees gorneed,
zwecks da Oadnung, de wo bleibm muaß
auf dem Kaiphas, dea wo da Feis is, sogts.

Bei Frühling habms scho link-s gheat und
beinand-ling, de Zöli-Patal im Palotti z Freising:
wo inam jedn Winkl bis ins Tagebuach eina
a Pater ummanandgschnuffet hot.
Und mi hams scho glei gor need meegn, mi
mit meim Blick in dAugn, dems oiwei
ausgwicha saan:
(faltet die Hände überm Bauch, senkt den Blick)
Schule der Demut!

Do, moan i, fehlts weit, wenns scho amoi
a Schui braucha, fiad Demut?!
I, wenn i a Marienkäferl siehch, an Salamander,
an Woiknlaufschattn oda a Zittergras,
nacha bin i demütig gnua.
Aba sLeebm scheichan dee ibahaupts!
(leiert)
Behüte uns vor Blitz und Sturm
und vor dem bösen Hosenwurm!
(schüttelt den Kopf)
Koa Wunda, daß mi dee need megn ham!
Und i hob aa need oanzigs
Frühlingsliada gschriebm.
Is aufamoi, am gemeinsamen Weg zude
getrenntn Schpeisesäle, a Schuidl ghängt
mit dem Gsatzl:
Die Nächstenliebe
sprach der PaterNoster
die Nächsten liebe ich
besonders heiß.
Von einem jeden bleibt mir bloß der
Knochen übrig.

Memento mori!
Gott sei Lob und Preis für diese Speis!

Da hams gschaugt, die Dunklmänna, de
Schpeckschleicha.   Aba koa Wort valoan:

Taktisches Silentium!
Zweitausend Jahre Erfahrung!
Bis i nachad amoi
mein MOLOCH in Umlauf brocht hob,
dea hot mi dann an Segn vo da Kiach kost:
A Fakke/Aphage Satanas!
Aba fiami war dees koa Auszug ausm gelobtn Land,
weil   iatz hob i mein Simplicissimus wenigstns
nimma aufm Klosett lesn miassn
mim Taschnlampal!
O mei,   dees saan Zeitn gwen!
Und uma Hoor
waari aa no a Dichta woan, damois. So bläd kos geh!
Aba mei MOLOCH   gäht heit no um   zwischn Isar
und Ampa.   Mächtnsn hean?   Need, gei?   Drum
sogineich! Oiso nacha:
(aufgeräumt)
Der Moloch   ist ein düster Loch,
das keiner mag   und weder noch.
Ein Loch, das sozusagen so
nur unbeliebt, weil vorn das Mo.

Stünd vor dem Loch ein A, ein B,
so tät das keinem A-Loch weh
und niemand stöße sich daran.
Es kommt nur auf den Anfang an.

Präziser: jedes Loch stimmt froh,
solang vor ihm nicht steht ein Mo!

(winkt ab, grinst gequält)

Auweh, auweh! Ganz schee blääd, gei?!
Aba i hob scho no blädane,
brauchts need moana, daßds alloa seids!
Liebeslürik zum Schlofschpui, ä, zum Bei, näa,
schpui:

(operettenhaft)

Hoooit gähstuuu an meinäär Seitäää,
morgäään   gähstuuu   in die Breitäää ...

Na, hea ma auf! Dees wead ztragisch.
Aba an kiazaan hob i no, an abschtraktn, an
raund-abaut-song:

Die Nutte   und der Natter,
die gingen platter-
dings   im Kreisverkehre
rings.

Ou, ou, ou ... iatz hobis wieda need troffa!
Aba vielleicht is dees a Warnung:

Noli me tangere!
sagte die Schwangere.
Drauf er: Mei, bist Du bläd,
dees   sogst ma zschpät!

Ja-haa, soebbs waxt hea   inara Klostaschui,
in soana Triebhausatmosfäre.
Aba an Linkn mächat i deswegn aa need
gmacht ham!
Dee hob i ma gnua schdudiat,
die Murxistn, D-Mark-sistn, 67ge, 68ge,
z Minga; wias an de U-Bahn-Arbeita
vobeimissioniat ham,   laut aba wirr,
mit eanam boaniatn Sozio-Käsuaheli!
Und koa Fantasie, koa Beobachtungsgabe: sonst
hättns vorausgsähng,
daß a nosnbluadigs Rotzfahndal
no koa Revolution need is!
O mei, o easchta Mai!
(greift zum Krug)
Eascht a Mai voi!
Vom Marx ham de bloß an Bart, sonst nix!
Links redn   und rechts lebm, dees kenni scho.
An Sultan vom Kanapee obaschmeißn
und iban Bauch vom Sultan
seiba naufschteign aufs Kanapee und...   Und?
Nix meah, aus juchheee!
Oa Johr vadient und gfressn
und dRevolution vagessn.
Kaffte Gseischafft, kaffte!
Geidsäckulum, gschtingats!
I konns boid nimma hean, dees Idiotikon:
Inflation, Stagflation, Rotzflation,
Kotzfusion, Konfusion, Keanfusion,
Konzeanfusion,
Gottessohn, Diskussion, Kortison...
Vaaaaaliuuuuum!

Ohropax vobiscum!
Ob iatz a Schwarza rout siecht   oda a Routa
schwarz, mi   regt dees nimma auf.
Braucha kostas olle zwoa need   zum arbatn!

Nauf woins, nauf. Dees is ois.
WoaßD, hotta gsogt,
unsa Staat is a riesige Pyramidn
– und wea ganz drobn drin sei wui,
muaß an kloan'   schpitzn Kopf ham.

Do hockans untam Überbau
und redn und redn . . .
Dialeckts mi doch am!

Theorie-Diskussion, vaschtähst?!
Koana vaschtähts, koana!
Do hobiso Hirnblosn platzn gheat, mei Liaba!
Das Individuum, hams gsogt,
gibt es noch nicht, hams gsogt,
weil die gegenwärtigen Produktionsverhältnisse,
hams gsogt, die Entfaltung der
Individualitättt,   hams gsogt,
nicht zulassen!

Abaa s Kollektiv, hams gsogt,
kanntat des Individuum befrein,   hams gsogt,
songs!
De und mi   befrein!
Daß i need lach!
Und iii   koa Individuum no need,
sondan lediglich a homo torso?!

Omeiomeiomei!
So vuih Ohnmacht auf zwoa Haxn,
so vuih Pro- und Anti-Thesn
so vuih gehirnamputiata...
Abaaa, do koost nix macha, wenns Kind
koan Arsch hat: aufn Kopf
deafstas need schlogn
sonst weast eigschperrt!

Jaa und wia mi dee untan Tisch eineschnautzn
woitn, weil i eana Aktionspathos,
eana Parolen-Enemenemei
leerlaffa hob lossn
mit dea Bemerkung, daß a Kollektiv vo Nulln
summasumsarum
need mehra bringt, ois wiar oa
oanzige grouße ÜbaNull!

Hooo-ho-ho! Do hams aufgheult!
Schaum hams kriagt voa de Lippm!
Fies-aschn, wia schtuipschtiaflate Henka!
Mei Liaba, mei Liaba: dooo
hota mi ogschtiat, da neiche Mensch   vo moagn
is ois vorbei   und elektrisch!

Orthodoxe Giftaugn!
Naaa, deee saan fei koa Basis
fira bessane Gseischaft,
deee need! Mit dene
konnst koa menschlichare Weit aufbaun,
mit dene Dampfplaudara
und militante Koitschnauzaa,

Kryptofaschistn, de oanzig
da Wille zua Macht treibt,
Maulaufreißaaa, de ma hächstns no aufd Schtroß
schicka ko, damits aa amoi
an Abnteiaschpuiplatz habm, die geistign Saigling
mit eanane ideologischn Schnulla,
de wo si de Titl Marxistn
und Sozialistn zualegn, wia
andane a Hippi-Unifoam, odaran Bart, hinta dems
ungschteat rout wean kenna!
Aba dHe-Männa schpuin!
Und abschaffn,   daß oschaffn kennan!
(soldatisch)
Abzählen der ideologisch Gesinnungstreuen!
Abweichlerrr   an-die-Wand!
(Die Wirkung des Alkohols erzwingt Pausen)
Resolutiona!

Ächtungs-Ausschuß-Vorstands-Vorbereitungs-Tag-
und-Nacht-und-Sonda-Sitzunga...
Juuu, hotta gsogt, Juuuu-soooo
gehts need weita!
Adornisierts Marcusisch – depp-ressive Tolleranz –
Fiahrungsanschprich   und koan Charakta!

Woaßt,
manchmoi dengima,
iatz gähst hi   und ziagst eana amoi
so an Pfostn außa   vom Übabau!
Daß eana dea ganze meinungszementiate
Scheißdreck, de ganze FeatigteilDenketaschn
auffifoit

und grod aso schnoiat, host ghäat!
Ois soi eana auffefoin, ois:
dSchtatuttn,   dFreie Liebe, vo deas oiwei redn
und redn,   de ganze »Theorie der Sinnlichkeit«
– und inda Landjugnd deansas scho lang! –
ois soit eana auffefoin, ois, dene
Politkaschpal   mit eanam ProtestÄppiil!

Na, de liagn mi aa need oo:
Olle hobis duachschaugt, olle!
Lissi, no an Klarn,
damit i no deitlicha wean ko!

(zelebriert den Genuß)

Mmmmmmmmmm!
Schteterrr Trrropfennn
höhlt
das Hirrrn!   Aaaaaa!

(sinnt zurück)

Ha, daat si auffelacha, er!

(rülpsend)

Aphäaa, aba üüüphaah mei Marriandl
loß i aa heit nix kemma   außa...
Auß-e? Isa ebban scho auße?
Isa ebban scho fuat?
Automatnkrischpal!
Seriennulla!
Vo nix kimmt nix, hota gsogt, drum
bini do!

Ea, host ghäath: Ea   mi, host ghäat!
Ja, moanstuebba, daß i a Depp   bist!
Woast ja need amoi de via boarischn Pf.
Pfinga   Pfaffn   Pfotzn   Pfeiaweah!
Manufaktuaschoaß! Synthetik-Bimbo!
(lauscht ins Leere)
Lissi, du, sogamoi: woo   is iatz dea
eigentlich heakemma!

Bläde Frog!   Wo bin denn i   heakemma?

Konniaa need sogn.
Wea woaß dees scho?
Und de Computa   gebm da dee Antwoat aaneed!
Com Puter   sprach die Henne,
comm mit mir   auf die Tenne.
Seither ist jener Puter
der Vater   und sie dMut-ter.
Mutationa saan dees, gei?!
A geh Lissi, schenk ei, schenk ei:
Probma de Ganzheitsmethode,
sauf ma ois ganz heit!

Liaba wiad Menschheit   samma d Wiaschtheit,
lieba wiara Weitkriag   samma d Maßkriag!
Boi-i amoi schtiab, schtiab, schtiab...
Ajo, olle miaßmaamoi schteabm,
druntn flaggn   bei de Scheabm, olle...
Olleee,
vielleicht sogar i!
(viel Pause)

Sitz i mi a bissal
aufs Kanapee,
schteh i auf,   is as Lebm vobei.

Boi-i amoi schtiab, schtiab, schtiab:
Setzts ma a Maß Bia aufs Grab,
schtehni wieda auf und sog:
oiwei fidei-fidei   bei meina Seei!

Dankscheeen, Lissiiii, dankscheen!
(schluckt zügig)
Boi-i amoi schtiab, schtiab, schtiab,
miaßn mi dMenscha tragn,
und dazua dZiddan schlagn,
oiwei fidei-fidei, bei meina Seei!
(horcht suchend)
Du, Lissi? Sog amoi: hatts iatz
den Knoiprotz   zarissn?   Den Flachkopf?
Weilin gornimma här und riach?
(Mit Blick aufs Kruzifix)
Daat mi olacha
(Wutausbruch)
ausm schiaffn Winkl!
(springt auf den Tisch)
Ja du Himme/Heagott/sakraments/kreizognaglta/
nackata/dreißgJahrlang/barfuaß/glaffana:
Schteig hoit oba, wannst kannst!
(pumpt erschöpft)
Wos?
Ob i mi no kenn?
Jaaa Lissiiii!   Ja, Lissilein? Auch duu,
mein Sohn Brutus! Weibabruat, foische!

Ob i mi no kenn?!
Ob i's no bin!
Need wearis sei!
Boi i doch gwiß woaß, daß is bi!
Na, woaßt, Lissi: Daß Duuuuu,
Daß Du mi iatz aa no opackst!?

Aba so is auf dera Weit: Wenns Gschäft
amoi glaffa is,
bist glei nix meah weat!   Dann kost geh.
Mei liaba Schiaba, dees
is a Lebm, zu dems uns vagewoitigt ham!
Freia Wille,   daß i need lach!

Nach meiner, wenns ganga waar, mi, wenns
gfrogt hättn, nia
hätt i Ja gsogt
zu dem Schtean volla Teiffe!
Nia, ja nia! sagt dKuah   zum Schtia.
Sogta Schtia zua Kuah: geh zua, gib a Ruah, iatz
host gred gnua!

Drum, saublääds Drummm   samma do!
Weima do saan, samma do!

Lissi, frischauf, No a Hoi...???
(hält inne, dann frostig)
Do siehchstas wieda:
Freia Wille!
Aba mi   trifft dees need!
I brauch need unbedingt
ebbs kaffa, damit i wea bi!

So weid   daats kemma!
Na, na, na, na   i hoit mi scho aus!
Mi   und de Frogn,
auf des koa Antwoat need gibt;
hächstns seibabastlte Papiaschiffal
fiade Bodwanndl   vo de kloana Leid!
Kloa, weils kloa bliebm saan.
Weilsesi dupfn habm lassn.
Weils need denga woin.
Weil dees wehduat, manchmoi.
Und weil oft koa End need heageht.
Dawei waar ja grod dees   des Abmteia!
Aba dees scheichans, de Haisla
mit eanam Eignheimgedankn bis ins Grob!
Wuuuusla, wenn amoi oa Fettaug weniga
auf da Suppm schwimmt.
Berufsmenschn! Dees, wenni scho hea!
Rechtwinkelig an Leib und Seele!
Oglegte Oahn, zuagmachte Augn,
eigfrorns Hian, stillglegts Gwissn,
Parteikappe,
paßt, sitzt und hat Recht
auf Vollbeschäftigung!
(im Marschrhythmus)
Paßt, sitzt und hat Recht
auf Vollbeschäftigung!
(schnarrend, überlaut)
Und auch geistig
fordern wir
das arbeitslose Einkommen!
Paßt, sitzt, und hat Recht
auf Vollbeschäftigung!

Und wenn need,
und wenn need,
(überschnappend)
muaß a Hitla hea!
Führer oder schpäter samma wieda so weit.
Hic
sunt leonis!
(raubtierhaft)
Ecc-zähn-homo: Die Bestiäääää
aller Gesellschaften.
(keucht, faßt Atem)
Omeiomeiomei, wenni eich oschaug
– Bimsstoaheazal, Krümmling, Hartgummiseein,
PlusUndMinusmacha –
grod, wenni eich asoo ooschaug, nacha
foit ma wieda dea Satz ei:
»Gott hat die Welt aus dem Nichts geschaffen. Das
Nichts scheint durch.«
(lacht zustimmend)
Ja-ha-haa, dees gfoit ma. Dees
is guad beobacht!
Das Nichts   scheint durch.
Aba dees heans hoit gar need gean, die Kloakepf,
de Drüsnsklavn selbsterhöhter Abkunft,
wenn eana dUnendlichkeit
ins Schnecknhaisl bloost,
in eana Graffl eina,
hinta dem se si
gar z gean vabarrikadian   und so dean,
wia wenn eanane Tapetn – de Bleame, Pinktal und
Spiroina – dWeitoadnung sichan kanntn.

Need zum Oschaugn!

Unta soichane Leid
bist fei alloa, mei Liaba!

Wemma frogn deaf:
Bei wem
lossn Sie denga?
(singend)
Ja, jaaahahaaaa, i kenn enk scho:
Liaba dreimoi am Tog
s Schtiagnglanda putzt, ois oamoi
nochdengt!
Und am Wochnend
5000 Schtreichleinheitn
fias Autobuzzi!
Ut aliquid FIAT, VW und so FORD.

I hea eich scho: Wos bringtn dees, dengaaa?!
Do konnima nix fia kaffaaa!
Blädwerisei unds Denga ofanga!

Und wenn da Planet vareckt
– Smog! Smog! Smog no ganz anders kemma! –
und wenn Milliona krepian:
Wos geht dees mi oo?
Da Vadda im Himme weads scho richtn.
Pfui Deiffe, vox noosn-populi!

Ja, brauchts gor need bloosn
aus eire Hetzhundnoosn!
I hoit mi scho zruck.
Wea dLeid kennt, dea rennt!

I sog grod dees: Sok-ra-tes-!
Jessas, Galiläi, ä-zä-terror!
Hot si seiba ghängt, hot laut dengt.

Bin scho schtaad   und dahi aa glei!
Aba bevoa i iatz gäh,
singi no oan... Lissi?

(lauscht)
SDianei is nett,
wias Resei in da Blüah:
zum Schtehlossn z schad,
und zum Abbrockn z friah!

SDianei is nett,
wia da Keaschbaam am Egg:
An jeda, dea füageht,
dea reißt an Ast weg!

Sensibl, gei?
Liegt eich need, ha?
Aba vielleicht paßt eich dees ind Schlachtschissl?

Hob a Diandl ghabt,
hobs gean ghabt,
hob gmoant, si liabt mi,
hobi nochigfrogt,
hots zwölfe ghabt
und da Dreizehnt war i!

Und a Schwiegamuada
und a Bandlwuam

ham de gleiche Natua:
Bevoas need ollezwoa
an Kopf wegham,
gemsda koa Ruah!

I siech scho, mit meine Gsangl
koni heit koa scheens Wedda nimma macha!

Lissi? Lissilein?!
Aus!
Aus is: finale grante!

Okäh, na wead hoit ganga!
Na zoihmahoit, hotta gsogt,
na zoihma HOIT: bleima do!
Na, na, na, brauchst
koa Angst need habm, Lissi!
Goidings Eval: I hau scho ab.
Mitsamt meina vox clamantis in deserto.
Gäh, i woaß doch,
wiareich dFreiheit schreckt
und ois
(tippt sich an die Stirn)
wos bloß do
is.
Drum seids gor so gern oghängt
and Arbat,
and Famülüäh,
ann Vaein... u s weh!
Und drum bleibts
beim geistign Niewoh!

Wiad KlaviaAnfänga
oiwei bloß de weißn Tastn greiffn.
DUR.
Dur-Dur in eina Dur
Und wann amoi s Schwarz aufschpuit?
(winkt ab)
Ewig unvorbereitet!
Dawei soitns schtatt da Phantasie   eha dDummheit
fiachtn!   Und dees dimmsde Dumm   is heit
as Schpezialistn DUUUUUUUUUUUMMMMM
Oanzigs denga, fiawos ma zoiht wead.
Und nach Hiroschima
– dees is na oiwei sEnd vom Bombmgschäft –
Rotz woana
und Fingakuppm zammfressn!
(übertreibend)
Wea hätt dees dengt?
Jo wea, jowea?!

I lean bloß, wos i braaach, hotta gsogt,
da Preidde vo moagn!

Aba gegns Wissn   gibts koa andane Waffn
ois wias Wissn.
Unds Berufswissn alloa
is koa Wissn.
Wenns Voik   d Macht   need endguitig
an a paar kaffte Weißkiddl
im Krema-Labor-atorium valian wui,
nacha muaß leana!   Leana, need wos gäht,
sondan was voagäht.
Wos? Sachzwänge? Sach-zwänge?

Zwängs am Sach, gei?!

Lissi, zoihn hobi gsogt!
(kartet das Geld hin)
Via Bia, drei Klare, oa Zigarrn und
a grantigs Gsicht!
(halblaut, sie von der Seite anblickend)
Mei, dees arme Luada,
wead aa ganz   ihr Muada; a dreieckats Loch
unda viaeckate Seei!

IsDa dFreiheit aa scho phallus-tig ganga?
(letzter Versuch, sie aufzuheitern, zu versöhnen)
Geh Lissilein!
   Boanate Nachtigoi,
   sing hoit   du aa amoi,
   sing hoit fiamiii!

Iatz paß amoi auf, Lissi,
iatz sogiDawos. Iatz sogiDa
amoi, Lissi...   dees oane sogiDa...
(winkt ab)
Gredt und gschissn   is glei a Haffa!
(viel Zeit, viel Stille)

Da schaugst und schaugst   und bist richtig siehchst,
host dAugn scho zuagmacht.
(energisch aber schwankend auf:)
So,
iatz wead ganga!

Iatz geh i hoam!
(unter der Tür zum Publikum)
Wißts es,   wo i dahoam bin?

Dees wißts need, gei!?

Inam jedn   von eich,
servaßßß!

Monolog eines Radfahrers

Überlebensprosa

Und nur das Tier, das Menschlichem erliegt, ist Held des Lebens.
(Adalbert Stifter)

Und wenn es die Schlechtesten wären, die übrig blieben?
– der umgekehrte Darwinismus. (Elias Canetti)

Gegenführig zum Firnwasserschwalm... Hm?
Klingt überanstrengt, wichtigtuerisch. Säßest du in einem Boot, innaufwärts, oder mühtest du dich rudernd gegen den kalt herabfahrenden Strom, ja, dann dürfte es angehen so: Gegenführig; dann wärs ein richtungweisendes Plagewort, tauchend ins Konsonantengezisch.
Aber du radelst doch leicht uferhin, schaulusttrunken im Farbenwetter?! Dem gib Wort – oder schweig! Literatur ist, wenn ein Gedachtes zugleich ein Gesehenes und ein Gehörtes ist. Karl Kraus. Beten um die Gnade der Genauigkeit. Lowell. Hulterdipulter, das Störlen und Rütteln über Wurzelwruggen schüttelt Zitate frei. Nur gut, daß du heute noch keine Zwiebeln gegessen hast! *Beten um die Gna...* Arbeit bringt da weiter.
Aber will ich denn Literatur? Noch ein Buch zu den Millionen ungelesenen? Canetti hat schon recht: Jedes Werk ist eine Vergewaltigung, durch seine bloße Masse. Man muß auch andere, reinere Mittel finden, sich auszudrücken.
Ach, was! Das Leben lebt, braucht meine Worte nicht. Im Winter, gut, da mag ich mir und anderen etwas weiß machen, Papierschnee vor der Nase, Wannen und Wehen vorm Fenster. Doch jetzt im Sommer, nein! Bin kein Ignorantiner.
Morgen hoffen, ohne die Schlange, sonnensatt, ohne die Berge, jawlenskiblau? Gibs auf, Dichterling! Jeder Vogel

pfeift dich aus! Tauch ein ins Grün, du ungetreues Echo; Gern, Heberthal, Attlerau, das ist der Weg. Der neue Mensch ist nicht in Sicht, den alten kratzt dein Federl nicht. Sei Buntspechtspott den Nekrophilologen! Den Schreibtisch magst du fliehen, die Sprache nicht.

Hoppla?! Ein Sätzgen von mir? Fehlt nur noch, daß es mich hinhaut. Sind taunaß und glitschig, die Baumadern. Quer anfahren; gerätst du seitlich auf solch einen Wrunxen, springt der Vorderreifen rechtwinkelig, und es staucht dich. Obacht, letzthin lag hier kein Stockholz, sondern eine Blindschleiche. Und Zwergfrösche wechseln gern von der Sickerschrunde zu den Farninseln. Schritttempo! Der arme Käfer, den dein Fuß zertritt, fühlt körperlich ein Leiden, ganz so groß, als wenn ein Riese stirbt. Shakespeare.
Mir wurgert der Magen bei dem Gedanken, daß ich die Blindschleiche um ein geringes zerfahren, zwei im Schmerz sich krümmende Teile zurückgelassen hätte. Zertreten? Unter einem Stein zermalmen? Eisvogel Herz, rasch zielst du fort, mich von dem Qualbild abzulenken.
Zu viele Naturbilder! Ein Stupidienrat. Verkäster Kopf, Brillenglinzen, Modebart alias Robbengott Phokos. Da kommt nichts rüber. Die Mehrheit lebt in Städten.
Und wie! gähnte ich. Es war spät, und ich hatte mich wieder einmal verausgabt beim Lesen. Für wen oder was? So darfst du nicht fragen. Gibst du dein Bestes nicht, bist du nicht frei.
Millionen, und seine Stimme schwoll bei ionen, Millionen, die gar nicht wissen, wie ein Salamander, eine Wasseramsel aussieht, oder so Zeug.
Arme Seelen! Sprach es beihin und wandte mich zum Ge-

hen. Aber das brachte ihn in Rage. Wie er nachgefedert kam, der Pädagockel, mir den Weg verstellte: Unter uns gesagt...
Unter uns – und sooo laut? Wer schreit hat Unrecht, bemerkte mein Großvater gern, wenn er mal nicht schrie. War *auch* Offizier. Aber bitte, Sie machten Bubenzuchtanstalt, noch etwas zu verlauten?!
Ach, nichts!
Zu wenig für ein Naturbild.
Sssssiiiie! Sssssiiiie und Ihre Art zu denken...
Ist Ihnen artfremd. Verstanden. Aber wer nicht auf seine Art denkt, denkt überhaupt nicht.
Und raus aus der dicken Luft.
Sind Sie immer so direkt, Herr Dick?
Man sagt seine Meinung indirekt – und da beginnt die Lüge. Schostakowitsch.
Sie lügn da nüch ganz rüchtüg. Was einem doch so durch den Kopf geht beim Radfahren. Wäre mal zu fixieren, 'n Essay zu Rad. Eine wahre Radotage. De te fabula ner radtour.
Sie lügn da nüch ganz rüchtüg.
Es ging um Schiefes in der Sprache. Ein halbes Dutzend prominenter Fehlleistungen hatte ich schon zitiert. Dath lätzhä bütte nochmal!
Ich wiederholte (Merian, Frankenwald und Coburger Land, Seite 161): ...Rotschwänzchen. Wie es aufgeregt knickste, als könne sein ganzer (?) Leib zusammenfallen (?)...
Vülleicht meint er dath symbolisch?
Die so fragte, Lüppenlüla, zu vül Parfüm, Spitzschnütchen nach jedem Satz, hatte sich als Bübliothekarin – aba nüch hia von Kützingen – vorgestellt.

Symbolisch?
Jemand vom Nebentisch: Für was solln das Symbol stehen? Spitzmündchen schwüg.
Bringen Sie die Dame nicht in Verwegenheit! Mit Unkeuschheiten wie Rotschwänzchen und stehen. Auch son Karl wie May? Unterschwellig bis dort hinein? Auf und gereckt und knickste als könne sein ganzer Leib zu samen und fallen, mit ph. Symbolisch? Gar noch ein mädiphysischer Cusanus: Zusammenphall der Gegensätze im Hinblick auf Gott?! Ne-nee, da ist nur Formulierungsschwäche, Schreiberlings Impotenz, das liebenswerte Vögelchen und seine Reflexe ins Bild zu setzen. Zusammenfallen! Für eine Handvoll Federflaus – ein Wort wie einsturzgefährdet, zum piepsen.
Spitzmündchen schwüg büs Mütternacht; wippte aber, als ich an ihrem vor dem Gasthaus geparkten Auto vorbeikam, noch einmal heran: Bün Ihnen nüch bös. Aba sagen Sie mal, sünd Sie ümma so penübl?
Nicht jeder Mücke Hufeisen anlegen, nicht jede Milbe satteln wollen. Pennübel. Penna, die Feder, Penn, Holder, du an meiner Seite! Holda aba nichts. Pennübel. Schlaffzimmer, wie der bayreuthwillige Führer in der Eremitage es aussprach. Was die wohl wüll? Wer lügt denn rüchtüg bei der? Kurz übern Kühler? Und wenn – sie sah es kommen von vorne herein – und wenn sie meint, nun käms, wies kommen muß, dann halt ein und dozier über die Deckung von Sprache und Leben. Bene Dicktus qui venit! Tu dei saperlot! Bis sie ihre Kruschedulcje geordnet hat. Penübl? Wir sind, wie wir sprechen. Und all die Vielen, die sich beleidigt geben, wenn man sie gemogelter Sätze oder unreiner Worte überführt, reagieren – zumindest hier – grundehrlich. Das will ja den Bürgern, die das Gewohnte leicht

verändert wünschen, nicht in den Bregen: Verantwortlichkeit gegenüber den künstlerischen Mitteln, Moral der Form.
Tschüs, und sie wars. Büblioheksmausi, auch du hier in Arkadien! Am Rückstau der Attel, wo das Moorwasser ansteht unter dämmernden Genisten. Ein Ort, zum Sterben schön. Vorfriede, Strom, Dahinterwelt. Verzicht aufs eigene Schicksal: aus Liebe zum Leben?
Ausgemorschte Hölzer, Schlieren kreisenden Ockers, zeitlose Müdigkeiten. Hören und Sehen vergeht uns, wenn wir nicht lernen, allein zu sein.
Wohin, Du, Drosseljunges? Ich weiß ein Würmchen für Dich, aber Du äugst *mich* an. Daß wir so wenig Sprache haben füreinander?! Wie kann ich Dich warnen vor der Katz im Schafgarbenwall?
Every soul is a circus, Dick: dem Vogel gönnst du das Würmchen, der Katze den Vogel nicht. Ist ein Wurm geringer? Und wenn er Augen hätte, dich anblickte? Könntest du ruhig bleiben, wenn ihn der Schnabel pickte? Und warum ist dir das Drosseljunge näher als die Katze? Ausgesetzt, geworfen, sind wir doch alle. Auch, daß du damals in Trstenik hinausstürztest, dem Habicht ein Huhn abzujagen, das er schon sicher in den Fängen wähnte, war Amtsanmaßung. Tagelang mochte der Raubvogel im istrischen Karst gelauert haben, bis er unbemerkt ins Felsendorf einflog. Das Hühnervolk, flatterkreuz und gackerquer, als er, im Tiefflug am Auto vorbei, eine der Hennen krallte. Schon stoben die Federn, schlug Flügel auf Flügel, da sprangst du ins Getümmel. Warum? Ästhetenfaxen? Kein Blut sehen zu müssen, keinen Todeskampf? Verständlich. Also weniger Faxen, mehr Ästhetik. Die schützt ja nicht nur dich vor Wirklichkeit. Wurm, Katze, Vogel, Mensch,

die Hierarchie der Werte, Willkür, vom Augensinn diktiert. Dem Geheiß des Großvaters, einen Wurm ans Ende der Angelschnur zu dornen, hast du dich unter Ekel widersetzt. Und wenn du eine geschaddert bekamst, oder zweie. Hingegen suchtest du eifrig Regenwürmer, dein weißes Lieblingshuhn zu füttern. Baka, eine geborene Cumulus. Aber war da nicht Irritation, Verstörung, enttäuschtes Beiseiteblicken, ärgerlicher Abbruch der Fütterung, wenn Baka, statt den baumelnden Wurm hinunterzukröpfen, ihn fallen ließ, pickte, schlenzte, stückweis... Fühlt körperlich ein Leiden ganz so groß, als wenn ein Riese stirbt. Verdammtes Fressenmüssen! Und dennoch schmeckts dir wieder heute abend. Was für Gehirne, die das weltweite Geschlinge, inclusive deiner appetitlosen Regungen jetzt, auch noch einer Persona zuschreiben, einem Schöpfersadisten. O Irr- und Aberwitz! Glaubensgewißheiten, die du zu lernen hattest. Geistige Unzucht mit Abhängigen, Glaubenslehre. Was ist das Höchste beim Glauben? – Da Arsch beim Kartoffelglaum.

Früh genug half dir die Sprache aus der Enge vor übermächtigen Begriffen. Das Sein und das Nichtsein, die Transzendenz und der Schöpfergott; Lieblingsworte des kleinwüchsigen, stets lächelnd-verständigen und wohl darum besonders glaubwürdigen Erziehers in Beuggen. 1959? Wie hieß er? Mal nachforschen. Aus seinem Munde hörtest du erstmals die Namen berühmter Philosophen und – aufreizend oft, weihevoll intoniert: Den Schöpfergott. Bis es zum großen Krach kam, zum Big Peng (einer Ohrfeige), von dem an ihr euch immer weiter voneinander entferntet.

Sternennudeln waren es, die aus der Aluminiumkelle in den Teller schlappten. Nach Erhalt deiner Portion erhobst

du dich betulich langsam, feierlich: Ich danke meinem SuppenSchöpferGott!
Der Wortfund hatte es dir angetan, auch fühltest du dich frei unter der Residenz eines Tischherrn, der sich einen Freigeist nannte, obzwar verkniffen, vage lächelnd. Falsch spekuliert. Denn es saßen ja Zwölfe zu Tisch, und einige lachprusteten herausfordernd unflätig; nicht so sehr wegen der Wortschöpfung, sondern vielmehr ob der schauspielerischen Dreingabe.
Und schon brannte die Wange. Und spricht jemand vom Schöpfer, du brauchst ihn seither nicht zu glauben: du *siehst* ihn – dampfend herniederfahren, in den Suppentopf. Daß die Sternennudeln nur so pflatschern.
Armes Wurm, bekommt ihr auch ordentlich zu essen? Oma, als du sie heimlich angerufen hattest. Beim Schoore, wie wir das Umgraben nannten, durchtrenntest du unzählige Regenwürmer. Bald war dir der Spaten verhaßt, weniger guillotinös sahst du dein Hand- und Fußwerk über der Grabgabel. Ohne Trostkraft die Worte des Lehrers, daß zerschnittene Würmer weiterlebten.
Und dann und wann ein Würmchen an die Angel praktiziert... Bei dieser Zeile verging dir der Spaß an Just Scheus Lied Der Angler. Die vertrottelte Langeweile der Wurmfischer, wie sie Großvater nannte, den bißhöffigen Stumpfsinn derer, die stundenlang auf einen Kork stierten, erlebtest du in dem Singlsangl treffend gestaltet; aber diese eine, humorig verharmlosende Zeile vergällte dir die anderen: hat er denn nicht hingeschaut, das Ringelweh nicht gefühlt mit den Fingerspitzen?
Praktiziert! Praktiziert!! So versonnen harmonisch, wie Scheu das singt, ließ sichs doch gar nicht bewerkstelligen: manchmal zerriß das Wurmkörperchen, trat der Darm aus,

tropfte Blut. Prak-ti-ziert! Du spürtest: hier mogelt er, und verwarfst die gefällige Grausamkeit. – Heute kennst du ganz anderen Sprachbetrug. Und was du damals auch nicht wußtest: Regenwürmer singen. Ja, Ultraschallaufnahmen beweisen es. Didididi-dü. So ungefähr solls klingen. Hör einer an, den singenden Regenwurm. Ob du Baka heute noch füttertest?! Das Drosseljunge?? ... verkroch sich im Röhricht. Didididi-dü. Sonnenlicht tötet ihn, zersetzt seine Nervenflüssigkeit. Nimm ihn endlich von der Fahrbahn! Wie lang er schon den Teer bekriecht? Nur gut, daß Baumriesen die Straße einschlucken. So, dort im Nesselgrund bohr dich fort, und wenn dir wohl ist, sing dein Didididi-dü!
Reviermusik? Zur Abgrenzung? Wie Hunde hinter Zäunen bellen oder Koryphäen »auf ihrem Gebiet«? X, Spezialist für den Rhythmus bei Mörike, empfiehlt Y, dessen epochemachendes Werk über die Gattungstrinität im Frühwerk von Z er durchaus zu schätzen wisse, mehr Zurückhaltung, denn *das* hier sei ja nun doch eine kaum entschuldbare Verirrung in seine, X-ens, Domäne, zumal er, X, es gewesen sei, der als erster auf die, bis heute schimpflich unbeachtete Bedeutung des fallenden Jambenauftakts und der sich daraus ergebenden Alliterationsverzögerungsinnenspannung hingewiesen habe, insbesondere im Hinblick auf ihre retardierenden Funktionsgesichtspunkte, und zwar *mit* Billigung von Z, was Y offenbar immer noch nicht zur Kenntnis nehmen bzw. respektieren wolle.
Kakademisches. Gedrucktes haufenweis, und alles zusammen nicht so fruchtbar wie ein einziger kleiner Regenwurmdarm. Und die Di-di-di-Dichter? Di-di-di-dich mal mitgerechnet an diesem großzügigen Tag?
Kritischer Irgendwer, wiewohl du aus mir sprichst, ist Dir

mein Heute fremd! Nimm Theriak – und dann komm nörgelnd wieder, Du triffst mich nicht. Denn ich beharre nicht auf meinem Ich. Bin, was ich sehe. So genüg ich mir. Wenn ich ins Schauen mich verlier und ichlos Wolke bin und Baum im Wind, nichts als das Schlagen meines Herzens in der Stille, blühend von Ferne, das Auge in der Geißblattlaube, Glückseligkeit des Pfirsichs und der Traube, was soll mir da ein Name unter Toten?! ... ein schöner Zug in Buch- und Gräberreihen?
Aber du schreibst...
... Briefe zumeist. Dickta probantia angelegentlich. Mir zu erklären, was ich sehe und nicht glauben will, das Mega-Ende. Totzeitgenossenschaft. Zwölf Tonnen TNT pro Kopf und was so aussieht. Verräterisch, die Zählart: pro Kopf. Als sei nur Menschheit. Anthropopanzereien. Ohne mich! Nichts als ein kaltes Nein hab ich für euch, die Gier nach Geld, im Namen Gottes oder wess' auch immer.
Aber du schreibst und rezitierst...
... dies Nein in Varianten. So wahr ich leb. Und ohne Rücksicht aufs Sozialprestige. Ich habe nichts, doch bin ich alles, was ich sehe. Genug, um Nein zu sagen. Und manchem ist grad dies zu viel, denn er hat gegen mich, was er nicht ist.
Taramtaramtamtam-taramtam*tam*. Verdächtig, dieser Rhythmus. Zu flott, um wahr zu sein: Weh dem Gedanken, der ihm in die Quere kommt! Taramtaramtamtam-taramtam*tam*, wird runderpedalt. Erst vorgestern, genau auf diesem Wegstück, hast du die Sätze hergesprochen. Kompressionsgeräusche des Körpermotors? Und in der Gegenrichtung, acht Stunden später? Kein Erinnern. Aber ja doch, die Elster, die aus dem Dammholz brach, knapp vor dir ins Feld strich, krisch. Wär sie in die Speichen gera-

ten, Speichenge-Rad, stimmt! Die frisch geputzte Nabe, der blitzende Strahlenkranz; du nanntest dich den Reiter auf zwei Sonnen, begannst eine Meditation über das Paradox des Rades, das sich erniedrigt, um erhöht zu werden, irgendwo gelesen, ließest es leerlaufen als intellektualistischen Dreh. Blöditation. Doch sonst, vorgestern abend, hier?
Ein Fahrtenschreiber wäre recht, hirnstromgesteuert, mit synchroner Außenkamera, Tonband und Geruchsanalysator. Das gäb zu lesen! Denkfiguren, Projektionen, Assoziationsmuster, Wortcluster, Sprachstrebigkeit. Plus Hormonspiegel, Pulswerte, Dauerkardiogramm: ich käm Hirn Dick schon auf die Schliche!
Ob unser selbstgesprächiger Autor (Rad-Tor, hähä: ES kalauert – und wenns ihn schmeißt, doch wieder Au-tor), ob unser Peripedaliker auf dem knubbenreichen Waldpfad weniger episch, also statt der freien Rhythmen durchbrochener, vorsichtiger (auch stoßatmiger) daherkommt? Gesätz-mäßigkeiten?
Hältst ja den Guinness-Rekord: 200 mal Wasserburg–Rosenheim und zurück; mindestens. Das gäbe schon kilometeorologische Tabellen! Assoziationstopoi? Wer oder was in mir denkt / träumt warum gerade *das* an diesem Ort? In der Attler Au, windgeschützt, selten ein Fahrzeug, gleitest du nicht nur schwungvoll freihändig (die Gelenke zu entlasten?), sondern du sprichst auch halblaute Dialoge (falls du nicht singst), begeisterst dich (stimuliert vom hier mächtig einkurvenden Inn) an deiner ausgeruhten Muskelkraft, legst zu, gibst Schub, daß die Kette klingt, schwingst, steigerst dich ins Kühne, weil sich der Rhythmus selber will, und mancher Satz, den du im Waldstück vis-a-vis von Urfarn unterbrächst, der gar nicht aufkäm dort, hier geht er

durch. Mangels Widerstand. Reizvoll, das in einem Prosastück zu zeigen. Bewußtseins-Innstromereien. Käm allerhand zusammen. Auch das Jedesmal am Heberthaler Pumpenhaus: Pumpen. Sommerkredit. Bank. Volksbank. Es begann als Spaß. Aus Spaß wurde Ernst. Jetzt geht Ernst schon zur Schule. Sparschweinchen. Unermöslich. Is' Pumperl gsund? Pumpermetten, Pumpermaiden. Graben. Hoppe-Hoppe-Reiter. Raben. Schwarze. Löcherl-ich. Grabenhure – hurra. Bis zu der Solidaritätserklärung, daß du, pumpender Notnickel, Pumpernotnickel, wie jene auch, von deinen Reizen lebst.

Schreibs! Ohne Ab- und Gedankenstriche. Die Freudianer erlangen die Macht doch nicht. Des weitren schützt dich Sprache, die sie nicht verstehen. Und – allgemeine Legasthenie. Dem Staat erwünscht, der Industrie willkommen. Fachsprachenbabbellohnerei. Erleichtert die Ausbeutung, verhindert Massenkonsens und steigert den Umsatz des Genormten.

Kürzlich in der Zeitung (Ermittlungen des Instituts für Kybernetik, Paderborn): Die Hälfte aller Erwachsenen kann einem Satz von 13 Worten nicht mehr folgen. Die Hälfte aller... 4,5,9, el: dreizehn Worte. Schon zuviel! Folgt der kategorische Stümperativ: Söne tuaze Sätze machen. Noch besser: darnix sagen, nur noch slucken. Slogan. Mundtotzeit.

Oft genug erlebt, in Bürgerversammlungen, Podiumsdiskussionen: den logoslosen Wähner. Hifi-hörig, hat er zu sprechen verlernt. Das Medium nahms ihm ab. Nun steht er stammelnd. Erhöhter Blutdruck beim Relativsatz. Sozusagen und alles und so. Und nach zwei, drei solchen Ohnmächtigkeiten zieht er sich zurück, gesundend, wenn er sie vergißt, krankhaft, wenn er sie haßt. Wen? Na dieda. Wen oder welche bitte? Dieda. Gegen die man sowieso nichts, logisch, selbstredend, klar. So stirbt die Demokratie. Wenns je eine war. Und die Vernunft, übertäubt vom organisierten Gephras, stört kaum noch, ist Minderheit und damit schon geächtet. Wie es die Roma sind – am Attelspitz. Alle Jahre wieder lagern sie hier unter Weiden, unter Spießerblicken aus dem Terrassenlokal, schikaniert von der Polizei: in Wasserburg wurde Porzellan gestohlen, Wohnwagensuchung. Wehrlos, ehrlos, nach dem Befund der Mehrheit.

Mal einen Brief an den amtierenden Jetset-Jesus schreiben, des Vorschlags, er möge per Fallschirm über dem Lager abspringen, zur ersten ökumenischen Zigeunermesse. Wäre pr-wirksam. PR, wie Papstreise. Und küßte den Boden des Gastlandes. Anschließend ein gemeinsamer Bittgang ins Kloster, die Wallfahrt Unserem Herrn im Elend neu zu beleben. Schattige Kastanien vorhanden, Biergarten gesichert. Na bitte, Wasihrwoytila! Namen saan Schicksal. *Mein* Elend beginnt hier auch, jedesmal, wenn ich auf die B 15 hinaus muß. Zwar rührt der Flurname vom mittelhochdeutschen Ellende, aber das mirakulöse Kreuz, das »in einem förchterlichen Wasserwürbel« innaufwärts schwamm drüber. Hielt sich auch nicht an die Etymo-gelei, rief O Elend! O Elend, wie der Abt-eilungsleiter nach Freising gemeldet.

Theeeereee, thäääääääääääääräääää, thääääärrrrrris Revoluschn in thiiiäääääääärrrrrrr! Mörderisch Geröhr. Einschüchterung. Akustische Unterwerfung.

Drosseljunges, sei getrost, ich bin wie du so vogelfrei. Hätt ich nicht gelernt, Abschied zu nehmen, nicht mehr nachzujagen der Fatamorgana ICH, wie könnt ichs wagen, den grünen Hallraum zu verlassen, meinen Zitterweg zu nehmen zwischen Elend und Rott?

Eine andere Strecke wählen? Schon-schon. Der Umweg durch den Auwald gäb meiner Reise Bilder, aber die Altwässerdämme sind hier zu achsenbrecherisch. Fünf Kilometer, und ein neues Tretlager wäre fällig. Ääh, schon diese monströse Einfahrt. Eher kultisch, denn funktionell, die betonierte Unterführung, die versteckte Zuleitschleife. Optisch getäuscht, ordnet sich mancher, der vom Ufersträßchen kommt, lebensgefährlich falsch ein, quert die Schnellstraße ausgerechnet dort, wo andere zum Überholen ansetzen, und wähnt sich dabei noch im Recht, totsicher. Aber was solls?! Kennst weitaus dümmere Zementierungen amtlicher Unfähigkeit. Und immer sinds – Männer vom Fach, Deppl.Ing. bis höher hinauf. Der Staat ist nun mal die Sicherung des Durchschnitts auf der Grundlage der Beschränkung, wie Benn bemerkte, und der Bayer trifft intuitiv, wenn er abwinkt: Gäh – seids schtaad!
So, die Parzen lassen grüßen. Eingefädelt hast du dich. Nur rasch fort vom Attler Berg. Denn hier lassen sies laufen, errasen sie Freiheit. Obzwar die Fahrbahn – gut einzusehen von oben – ins »Ende der Ausbaustrecke« mündet, wills kaum einer wahrhaben und prescht fort. Dann Gnade dir, »weicher Verkehrsteilnehmer«! Zischen mit 100 an dir vorbei, als wärst du nichts. Sicherheitsabstand? Da hu-hustet der Auspuff! Solidarität verlange nicht von diesen Rennsüchtigen, die auch noch zwanghaft überholen – trotz der Verbotsschilder, trotz Gegenverkehrs, dich aufs brüchige Bankett drängen, dir Glassplitter, Staub und Steine ins Gesicht fegen, auch mal Flaschenhälse, abgerissene Zierleisten als Dreingabe. Und glubschen zu alledem in stumpfer Selbstverständlichkeit, oder lächeln fängisch, gegorene Visagen hinter Sekurit. Wehe, wenn

du jetzt das Gleichgewicht verlierst, auf die Grasnabe oder schwankend zurück auf die Fahrbahn gerätst!
Scheiß Radlfahrer, braacht ja do need ummanandgeistan! Wer fahrtn heitno mitm Radl?! Am Werktog! Soisi a Auto kaffa oda dahoam bleibm!
Schon wieder so ein Tier- und Menschenjäger: will ums Verrecken nicht vom Gashebel, hörs am Himmelheulen hinter mir. Überholt mich, eine Handbreit neben dem Pedal, zwingt den Chauffeur eines entgegenkommenden Bierlasters zu bremsen; auch noch ein Zweiter nötigt ihn und mich, zwängt sich vorbei. Wer jetzt irgendwas von Ausnahme quatscht, deckt Mitmörder. Dutzendmale gezählt: knapp jeder Fünfte fährt »ordentlich«, drückt *nicht* das Recht des Stärkeren durch, und in Kolonnen schaffts nur jeder Zehnte.
Wenn ich heut abend zurückkomm, will ich den Hirschberg bitten, daß er eine gut gespitzte Stahlrute – elastisch, aber nicht zu nachgiebig – am hinteren Rahmen befestigt. Eine Distanz-Antenne, hundert Zentimeter lang, zu bedienen mittels Hebelchen, Seilzug bis zum Winkelscharnier und Federschnapper. Ausschwenkbar zur Fahrbahnmitte hin, nicht zu hoch montiert. Rudelts dicht hinter mir, markier ich meine Spanne Recht. Schöne Nagelstriemen gibt das, feine Kratzer, Fahrer für die Fahrer. Mag sein, daß der eine oder andere ein Fremdgeräusch hört, anhalten wird er kaum, dicht bei dicht im Donnerpulk, getrieben vom Verfolg. Da ich für sie nichts bin, ist das Antennchen zweimal nichts. Fixiert auf den Lackarsch vorm eigenen Geschnäuz, vorbei und – knisssss. Stoppt wirklich jemand, vielleicht der Letzte der Gezeichneten, ein Hebelgriffchen, und die Antenne ruht, brav eingelegt, kaum sichtbar auf die Schnelle.

Er mag winken, der Empörte, rufen: nur weiter geradelt. Fahrendem Volk ist nicht zu trauen. Ein Ganove? Ein Sittenstrolch? Wer hält schon auf freier Strecke? Doch nur, wer pinkeln muß, Maschinenschaden hat oder Mariannenerscheinungen. Als mich der Milchtanker (im Mai letzten Jahres) von der Fahrbahn pflügte und ich im Gras lag, fluchend bei der Gliederprobe, hielt nicht einer von denen; irr-dümmlich muulten sie herüber: nur ein Radler, weiter, weiter, weiter nichts. Auch nicht einer, der den Alu-Bomber voller »Ideen aus Milch« verfolgt, den Steuergorilla aufgebracht hätte. Aaaa, Rimbaud, wie gut zu verstehen: schrieb Weltliteratur, sah die Kannibalen ringsum, kombinierte und fuhr, noch ein Jüngling, nach Somali. Wurde Waffenhändler. – Aber son Genie bin ich nicht. Also heut abend – Konstruktionsbesprechung.
Den Musterprozeß möcht ich erleben.
Und erteile dem Angeklagten das Wort.
Danke, Herr Vorsitzender, danke. Nur einen Satz (lange Denkpause gemimt, dann explosiv): Unsere Freiheit ist bedroht, unser aller Freiheit!
Und schon sitz ich wieder brav.
Das müssen Sie dem Gericht etwas näher erklären!
Ihr Wunsch sei mein Befehl, Herr Richter!
Karosszäfix, jetzt schneidet mich dieser Kombifahrer. Und der reizrote Wimpel am Ende der Stangenladung flappert vor meiner Nase. Ob ich den Lappen runterbeiß, absteige und zur Fahrerkabine apportiere? Und wenn er lachend die Tür öffnet, des Glaubens, ein Scherz, plang, eins mit der Luftpumpe in die Fresse. Und das rote Tüchl draufgedrückt – gegens Nasenbluten. Äh, keine Chance, längst dahin.
Es geht um die Wirtschaft, Hohes Gericht, nicht etwa nur

um die Existenz eines Wasserburger Unternehmers, dem ich mit der Produktion und Wartung jener Distanzantenne in Zeiten der Rezession einen konjunkturbelebenden Auftrag erteilte, nein, das wäre zu wenig. Gewichtiger ist da schon der Hinweis, daß seit Wirksamwerden meiner verkehrserzieherischen Selbstschutzmaßnahme an die 15 000 Limousinen mit Lackschäden davon – und folglich ihrer früheren Verschrottung entgegengefahren sind. Hohes Gericht, eine solche Erfolgsquote verdankt die Autoindustrie allein meinem persönlichen, todesmutigen Einsatz. Denn gefährdet – in 15 000 Fällen – war allein ich. 15 000, vorsichtig gerechnet. Ihnen, Hohes Gericht, steht nun dieser Einzelne da entgegen, übrigens der erste, der sich beschwert hat, jener seltsam anmutende Zeitgenosse, der doch, genaugenommen, von mir anzuklagen wäre, weil er mich – im Sinne des Paragraphen 1 StVO – genötigt hat! Bedroht bei Leib und Leben! Ich bitte aber den Gerichtsstenographen ausdrücklich, festzuhalten, daß ich mein Recht auf Unversehrtheit der Person zugunsten des längst übergeordneten, einzig zählenden Wirtschaftsrechtes, das alle Freiheiten einschließt, zurückstelle. Danke!
Dieser anachronistische, ich bin versucht, zu sagen: liebenswürdig-originelle Staatsstraßengast fordert nun also *mich* in die Schranken. Wahrhaftig, ein verfahrenes Verfahren! Ob es Dutzenden von Autowerkstätten recht sein kann, wenn ausgerechnet ich, ihr Arbeitgeber, als Lackierter dastehen soll? Hunderttausende von Arbeitslosen sind meine Moral, sind *unsere* Moral, Hohes Gericht! Harmlos, wie er sich ausnahm, ist dies ein Prozeß von europäischer, nein, unsere Wirtschaft clincht im Wettbewerb mit Japan und Amerika, von globaler Bedeutung. Arbeitsplätze sind bedroht. Arbeit aber ist Freiheit. Sie zu verteidigen, sind

wir gerufen, in diesem freiheitlichen Rechtsstaat. Nicht nur um meine Freiheit als Radfahrer und Produzent von Arbeit, nicht nur um die Freiheit zur Kreativität in unserem Lande, die sich in der Verschleißförderung sozial zu bewähren hat, nicht nur um diese Freiheiten geht es, mehr noch, auch die Freiheit des Käufers wäre mit meiner Verurteilung hingerichtet, seine Grundfreiheit nämlich, ehrlich erworbenes Geld so ausgeben zu dürfen, wie es ihm beliebt. Und so frage ich: sind wir nicht *alle* Käufer und Verkäufer? Übertreibe oder analysiere ich, wenn ich in dieser Stunde Null des Wachstums erkläre: von heute an kenne ich nicht mehr Richter, Autofahrer, Radler, Journalisten... von heute an kenne ich nur noch Verbraucher?!
Der Vorwurf der Sachbeschädigung – wegen eines Kratzers: während doch im Lande ganz andere Opfer gebracht werden müssen! – dieser Vorwurf, und damit schließe ich, ist angesichts der gesamtwirtschaftlichen und insofern auch zwingend politischen Verantwortungsdimensionen eine privatrechtliche Bagatelle, ja, Delle – oder Kratzer – ph, ein subjektiv verständliches Ansinnen, das aber einer objektiven Betrachtung – und wir alle sind Objekte! – nicht standhält, ein Nummernschildbürgerstreich, der wegen Geringfügigkeit zur Einstellung des Prozesses führen muß. Die Rechtskammern unserer Industrie, die bei meiner Verurteilung umgehend Anfechtungsklage... – Aber eine solche Drohung erübrigt sich. Denn wir sind frei, noch frei, ja so frei, unser aller bedrohte Freiheit juristisch wirksam verteidigen zu können. Ich danke.
So oder ähnlich. Schön locker bleiben dabei. Nicht anmerken lassen, wie ernst es dir ist. Der Massenmord auf den Straßen – 100000 in Europa jährlich (die Tiere wieder nicht mitgezählt in dieser menschengemodelten Bilanz), die au-

toindustrielle Landzerstörung (und Enteignung), das Einverständnis mit der Rohheit (bis ins Fernsehprogramm), die Konkurrenztreiberei schon in den Schulen, das gesetzliche Unrecht, das es Kindern verbietet, im Hinterhof zu tollen, während die Motoren durchjaulen dürfen bis nach Mitternacht, nein, diese Gesellschaft, voran der Staat, verdient nur noch Abweisung und Hohn, als Kasperltheater, willfährig in den Hakengreifern des technischen Kollektivs. Doch angesichts der Vernichtsung von Leben, deiner und meiner indolent zugelassenen Verkrüppelung, wäre dieser Hohn schon Frevel. *Zu* emotionell. Man muß das (!) sachlich (?) angehen; Tabuzone der Industrie-Religion.
Jetzt darfst du absteigen, die alte Frau über die Straße zu geleiten.
I daschtähs boid nimma. Guad a viatl Schtund scho wart i do mit meim Brotzeitkeabal, a jeda siecht mi, aba koana loßt mi niba. Dankschen, Herr, dankscheen. Und oghupt hams uns iatz aa no wia narrad. Sie, schaungS, do hat oana ghoitn, der, moani, wui ebbs vo Eana?!
I gäh scho hi zu eam, Frau. Bringan Sie iatz de Brotzeit zu Eanane Leit aufs Feid!
Opel. AÖ. Sulzkopf. Mittfünfziger. Rote Stirnflecken. Pumpt. Schwitzt, weil er noch nicht loslegen kann. Anzug von der Stange. Quellwampe, nicht wegzuknöpfen. Stemmt die Hand in die Hüfte, drückt die Scheißwut aus dem Gekröse: Sie do! An Vakääh aufhoitn, do! Saan Sie need ganz dicht, ha?! Is dees a Bundesstroß odara Kurpromenadn, sagnSamoi, Siedo!
Mit dem mach ichs kurz. Zehn, fünfzehn Meter auf ihn zugestürmt, als wolle ich ihn übern Haufen rennen (geht bereits in Abwehrstellung, strengt sich an, nicht unsicher zu wirken), dann gach gestoppt, ein fragendes, Gesicht le-

sendes Innehalten, und jubelnd in das so spielerisch erwirkte Maulauf: Jawohl, auch Sie! Kaum zu glauben, aber auch Sie! Zwei- dreimal ihn umkreisend (sein Gschwoikopf schafft kaum ein Viertel der Drehung): Wie müssen *Sie* sich glücklich schätzen! (Festlich, gratulierend:) Auch Sie – auch Siiie!!
Und da ist es, sein mechanisches: Iii? – Wos?
Auch Sie ein Ebenbild Gottes! Und lachend leichthin zum Fahrrad, aufgesessen, ab.
Gott und seine Affarten. Nein-nein, nehme mich da nicht aus. Im Gegenteil, schuf nie mehr als Afforismen. Hat Gott nicht Witz, hat er mich nicht geschaffen. Von mir. Der Mensch läßt sich *bewußt* begaffen, *das* unterscheidet ihn vom Affen. Auch von mir, noch aus der Schulzeit. Bin ganz gewiß nicht minütlich auf der Höhe meines moralischen Niveaus, aber das BGB ließ ich längst zurück, tief im Neandertal. Kaum ein Tierblick, der mich nicht beschämt. Aber daß ich nun jedem hochtourig überdrehten Industrieneurotiker mein bißchen Leben freigebe, nein!
Iiiiiiiiiiaaaaaaaaa, du Techno-Idiooooot! Nur zu auf die Katzbacher Brücke, schneller, schneller! Das Kann sei dein Soll! 180 km sind doch drin in deiner Kamikazekawasaki! Keine zwanzig, das Bürscherl. Unverantwortlich, solche Höllenmaschinen zuzulassen. Oder ists killerkalte Berechnung? Zur Selbstregulierung des Jugendarbeitsmarktes? Kombiniert mit Umsatzsteigerung. Zuzutrauen wärs dem Lobbygesindel. Lagerhalle leer, Leichenhalle voll. Aber denk das mal laut, dann puht Verlogenheit Empörung. Impfzwang, Schulzwang (istjaauchsoetwas) Gurtzwang, Duellverbot, und fleht ein Moribundus um Gnade und rasches Ende, oder will einer abtreten aus dieser Blutschmierenkomödie: NO! Von staatswegen. Doch dem Gemetzel

auf den Straßen wehrt er nicht, der Staat, dessen Repräsentanten auffallend mit schlechtem Beispiel voran brausen (freilich, in Panzerlimousinen privilegiert), der Staat, der für Berufstöter von jeher ein Herz und für Literatur kein Hirn hat, der Staat, dessen ausschließlich gewerbliche und turnerische Maßstäbe... (wer sagte das so treffend?), der Staat, diese Exekutive der Besitzenden (und wer besitzt heute nicht, hä-hä, zumindest ein Auto?!), der Staat, der das Bildungsmonopol hat (weshalb vier von fünf Bürgern kein Buch lesen), der Staat, dem die Ehrlosigkeit aus allen Poren stinkt, der Staat, emblem-plemplem (tipp an die Stirn, zeig ihm den Bundesadler!), wiewohl ein nur noch geduldeter Ex-Souverän, ohnmächtig den ABC-Waffen des Wirtschaftsweltkrieges zu wehren, der Staat, mein Synonym für Tod und Phrase, der Staat, gerade noch gut genug für Hinz und Kunz und deren Rasewahn. Zeiten zum Davonfahren. Carakiri.

Starben, ach was, krepierten nicht auch meine Verwandten *durch* und nicht *für* den Staat? Und fördert er nicht heute den Triumph der Halbnaturen in der technischen Hinrichtung des Lebens? Je schneller, desto besser die Bilanzen. Negierungsgewalt geht vom Volke auuuuuus. Attentatione, Dick! Ein neuer Korso. Lenkstange festhalten, Luft holen, vorwärts. Puuh, auch noch Gegenverkehr. Überdrucknüstern pf-auchen. Ist der Bulle schon neben mir? Nur nicht seitwärts schauen, dort vorne bröckelt Asphalt. Psch! Pschsch! Ja-doch, *mir* pressierts auch! (Von dieser Straße wegzukommen.) Anhalten in *der* Enge? – Wäre tödlich. Von der Wiese trennt mich ein Graben. Psch! Psch! Psch!

Pschychoterror. Könnte mir wirklich *einen* humanen Meter lassen. Überholen ist doch ohnehin nicht drin in den näch-

sten Minuten: Urlaubskarawahnsinnige bis zum Horizont. Aber nein – pfsch! pfsch!! Er läßts darauf ankommen.
Pfffsch! Bereits neben mir. Pffsch! Pfffa-schwind! Pffaschwind! Jetzt auch noch die Kriegsfanfare. Nerven, Dick. Ein Bus schiebt entgegen, da muß er zurück, siehstewohl. Pfsch, pfsch: brrrrrrrr, burr, burr, burrrrrrrrr. Br wie Brummi. Auch so eine Werbeniedlichkeit. Wortschwindel; Stinkbomber, Pestilienzmonster, dort suche Namen. Wär ich der Chef von det Janze, 20 km in Ortschaften, 50 auf der Landstraße, 80, na, meinetwegen 90 auf der Autobahn. Und *der* hier walzte gar nicht mehr. Auf die Bahn mit der Ladung, Güterverkehr zur Finanzierung der Personenbeförderung. Nicht zuletzt aus Sicherheitsgründen. Und die Wirtschaft ginge auch nicht unter. Im Gegenteil, bei Tempolimit wäre der Intercity konkurrenzlos. Und die Nebenstrecke Rosenheim–Mühldorf wieder attraktiv. Sofern das Angebot stimmte. Pffaschwind! Haben ja die Anschlüsse systematisch gekappt in den letzten Jahren. Ankunft Mühldorf 11.50 Uhr. Weiterfahrt ins nahe Burghausen? 13.30 Uhr! *Plan*wirtschaft für die Autoindustrie.
Pfff! Pffa-schwind! *Du* bleibst hinten jetzt! Ein bißchen wackeln, den Verunsicherten spielen? Hat mir schon oft Luft verschafft. Mal wieder die Trunkenheitsnummer? Isn das für einer? O Herr im Himmel: ganz der Deine! Fliehende Stirn. Nein, *der* reagiert nicht auf solche Schwächen. Uax, eine tote Katze. Trommelbauch. Wird es heute früh erwischt... Pff! Pffa-schwind! Daß das dem nicht zu blöd ist? Und aufs neue drückt er die Tuba, packts auf Biegen und Brechen; der Motor brüllt: Krrrrrrüüüüüüüg! Also gut, der Schwächere gibt nach,

muß nachgeben. Dort in den Feldweg flücht ich mich. Und sei auch schön verflucht, Tarifroboter! Krrrrräpiiiier! Möglichst bald! Iaaaaaarrrrrrrrrrr, brrrrrrachiaaaaaalt er forrrrrrrrrt.
Laß dich nicht brutalisieren, Dick! Noch drei Kilometer, zehn Minuten, dann hast dus. Schnauf durch, schau sie dir an! Wwwooo, wwwwwoooooo, wwwoooooo ist ein Gesicht? PS marschiert, die Reihen fest geschlossen. Das Ziel ist alles und der Weg ist nichts. Und ist das Hindernis ein Tier: selber schuld! Sentimental, wer da noch fragt, ob denn das schlagende Herz unter Borsten, Federn, Flügeldecken kein Leben sei. Wwwiiiaaa sind wwwiiiaaaaaa! Dazugehörig zuuuur Macht und Größe des Kollektiiiiiiivs. Es lebe die Automobilmachung! Heuuuuul! Und ich frage euch: wollt ihr den totalen... Heeuuuuulll!
Beruhig dich, Dick! Gegen Dummheit kämpfen Götter selbst vergebens. Und das hier ist produzierte Dummheit: Autohypnotische Autophilie, autistische Autobie, Autosuggestion bis zum Blackout-to-to-do schaug hi!: Bierdosen, seitlich aus dem Wagenfenster. Fehlen noch in deiner heurigen Selbsterfahrung. Glühende Zigarettenkippen, auch mal ne Aschenbecherladung inclusive Bonbonpapier hast du schon gesichtet. Stuttgarter Nummer. Wird langsamer. Hin! Vielleicht muß er halten? Den Stein da, und... Schade, brullert davon. Möchte nicht wissen, wie viele dieser Fluchtvorteil fies macht? Macht, ja: Macht! Sie sinds. Fies-agen, wie der ÖD sagt. Fies-Age! Im Auto, wie zu Haus, und drum nicht anders. Günther. Die Antiquiertheit des Menschen. Mal wieder lesen. Erspart dir 20 Jahre literarisches laudate hominem. Liegt gut in der Hand, die Kieselkugel. Spuren von Glimmer. Innabwärts, aus den Zentralalpen? In die Hosentasche. Noch so eine

Rücksichtslosigkeit und ich knall das Ding in die Heckscheibe. Aber bis ich mein Wurfhandmaschinchen bereit habe, mit der Linken lenkend (in dem Tumult), mit der Rechten... aussichtslos. Bis dahin ist der Autokrattler längst jottvide! Und – angenommen – ich träfe? Und ein Vierschröter bremste und stiege aus? Da wär wohl kein Vorbeikommen, Autos vorne, Autos hinten. Autsch simile. Da bräuchte ich wohl ein paar Reserve-Würflinge, ein halbes Dutzend Steineier, mir den Kerl vom Leibe zu halten, zumindest einen gröberen Faustkeil fürs letzte Gefecht.

Ob ich mir ein Drahtkörbchen flechte, überm Gabelschaft einzuhängen? Ein Griff und – klirr. Alles brauch ich mir auch nicht gefallen zu lassen. Schöngeistig kapitulieren vor diesen staatlich zugelassenen und kirchlich oft noch gesegneten Motorhunnen? Bürger, wehre dich! Denn die Polizei interessiert, quatsch, belästigt dein Fall erst, wenn dir der rote Faden aus dem Mund rinnt. Noch einmal eine Stunde auf dem Revier vertun? Personalien aufnehmen lassen: bin *ich* etwa der Übeltäter? Berichten:... und donnerte so knapp an mir vorbei, daß ich eins von der knallwehenden Plane übergezogen bekam, und nur dank meiner sportlichen Abrolltechnik sowie meiner trainierten Reflexe keine Verletzungen...

Oiso nacha?! Dann is Eana ja auf guad Deitsch eigntlich gar nix passiert! Unds Radl laft aa no! Sonst waarnS ja need herkemma, oda? Ja, warum eigentlich?

Nein, *die* helfen dir nicht. Exekutive der Besitzenden. Sind doch nicht einmal willens, Radfahrerstreifen auszuschikken, kamera-bestückt und mit montiertem Staudruckrückrechner. Würde sich auszahlen! 30 Erwischte pro Stunde zwischen Elend und Rott. Das wären im Monat, im Jahr:

mal 1000 Mark Verwarngebühr, 5000 im Wiederholungsfalle, Führerscheinentzug auf drei Jahre; das bringt in 10000 Polizeirevieren... Millionen genug für die armen Hinterbliebenen. *Das* wäre präventive Gewohnheitsverbrechensbekämpfung. Nur diiiiiese Sprache versteht der Automob – iiiiiaaaaa, so weit kommts niiiiiie! Das wird die Industriiiiiie zu verhindern wissen: Brülletarier aller Länder, vereinigt euch!
Denn diese Iiiiiidioten sind die Produkte der Produkte der Produkte. Funktionspuppen. Selbst-Bedienungs-Automaten. Ein Handgriff nur, bequem, und schon ist Leben hiiiiiinnnn. So schnell, daß die Phantasie niiiiiiiiie mitkommt. Das spottverlassene VW-Lätscherl des Generalvertreters, als du im Schritttempo darlegtest: Geschwindigkeit ist Strecke geteilt durch Zeit, geteilt nicht allein durch Fahrzeit, sondern auch noch durch Arbeitszeit, sprich Geld für den Kauf, den Betrieb, die Versicherungen, den Führerschein, den Sprit: plus CO_2 – Lastschrift, Krankenkosten, Bleischädigungen, Entwertung der Landschaft, Verödung der Städte und und und. Kurz, zu Fuß und per Fahrrad sind Sie am schnellsten! (Nicht von mir, Ivan Illich hats unwiderlegbar vorgerechnet.)
Zurück blieb ein Blick wien Getriebeschaden. Nix für ungut! Hab ich dich gesehn, hab ich alle gesehn. Und gehört. Sagen ja auch schon: meine Zündkerzen sind kaputt, meine Reifen, meine Bremsen, gleichgeschaltet, wie sie sind, eingepaßt und angepaßt, automatisiert, synchronisiert bis in die Träume. Sogar ihre Wünsche sind Fabrikware, Werbestreifen. Doch Konzentration jetzt, ein neuerrrrrrr Schwaaaaaarm! Radierende Reifen. Quiietschen. Fährt rechtwinkelig ab nach Griesstätt. Mußte aber vorher noch überholen, total meschugge. Die von der Zeit sind und

keine haben. Wie sind sie hinter sich zurückgeblieben. Und mir fächelt man wieder die Wade.
Sprengkugeln, nicht Steine ins Drahtkörbchen. Zu Zehnernüssen gewickelt. Weniger Schaden, mehr Knalleffekt. Warum hupt man mich denn an? Fahre doch eh – zum Äußersten bereit?! Ich sehe nur, wie sich die Menschen jagen, faulfeig im Blech, ist dies ihr einzig Wagen. Entschuldigen Sie, daß ich geboren bin! Langsamer fährt der Schweißkopf jetzt nur, um mir einen strafend-verächtlichen Blick herzudrehen. Und Gas und ab, daß mir die Augen tränen im wirbelnden Grus. Jetzt eine Boden-Luft-Rakete. So abgefeuert, daß es ihn in der nächsten Kurve erwischte! Die eigene Fliehkraft räumte ihn noch von der Straße.
Oder Selbstzündungen montieren. Wer schneller als hundert fährt, explodiert. Blitzkarre-iere! Aber der Trümmerregen träfe vielleicht Unschuldige; schade, keine Lösung. So wenig, wie der Stahldornenrechen, ja, rächen!, ner mittels Knopfdruck aus einer im Asphalt versenkten Schachtleiste stieße.- Hydraulischschschsch! Da es die Vorderreifen zuerst erwischte, wäre die Chaise sogleich manövrierunfähig und schleuderte womöglich auf die Gegenspur. Nein, mit zweirotorigen Großhelikoptern müßte man Raserazzia machen, über der Straße stehen, sagen wir mal in tausend Meter Höhe (wegen der Übersicht und damit der Schatten nicht warnt, einschüchtert, ablenkt, neugierig macht). Einen Elektromagneten herablassen. Und wenn so ein motorischer Wüterich, so ein menschverdammter IchbinsoFreisler gerade mal wieder kolonnenspringt – wird er aus dem Verkehr gezogen. Bildwörtlich. In eine Höhe von 500, nein, Kosten sparen!, 100 Meter. Ausgeklinkt über einer Sammelschrötteranlage. Vorher ein Situationsbild (zur Urteilsbegründung) und eines vom Wageninhalt.

Lochkartenbenachrichtigung an die Verwandtschaft. Gehören Kinder und Tiere zur Besatzung des Bürgerpanzers, unschuldig, weil sie des Verurteilten totverspielte Raserei nicht verhindern konnten, ergeht über Funk oder Megaphon die Anweisung zum Alleinabsprung. Bei freiwilliger Kleiderabgabe (Spenden für die Dritte Welt) Kostenbefreiung der Hinterbliebenden.
Iiiiiaaaaaaaaaaa, ich würde euch schon kirren, ihr Auspuffpiefkes, ihr Arschetypen und Blechkarrekaturen! Iiiiiaaaaa-ha-ha-ha-haaaaa: Gesindelkatapulte. Kugelblitzkanonen. Schwenkbare Straßenstücke, sogenannte Befreiungsweichen. Da flögt ihr in Serien hinaus mit euren Mordinstinkten, samt eurem Selbstverherrlichungswortschwatz und Humanitätsgediesel: zack-knarrsch, in den Metallschneidetrichter! Gut getarnt an Bergstrecken: St. Nimmerleinsschächte. Wer peest, wird abgesaugt.
Bah, die Rotte tobt forrrrrrrrt, geschafft. Da vorn, die Einfahrt zum Ausee. Mittags vom Gebimmel hoch da komm ich her. Genau im Rhythmus klappen Schmetterlingsflügel. Im Splitt. Eine Biene zittert über ein Reifenstück, pumpt, taumelt zur Fahrbahnmitte.
Und wenn es die schlechtesten wären, die übrig blieben? – der umgekehrte Darwinismus.
Blutfahnen. Gedärm, verzischt im Teer. Gedarrte Froschhäute. Vogelleiber, gewalzte Igel. Wie Kernrotunden von Sonnenblumen. Scheinheilig leuchtet die Stiftskirche, verschwingen die Glockentöne. Stunde des Pan. Von flimmernden Turbulenzen, von gasigen Wirbeln sachte berührt – der aufrecht schwanke Löffel eines Hasen. Gerädert. FINIS

Cantus Firmus für Solisten mit Pferdefuß

Ein panakustisches Optikum, u. a. für Hundskopfstimme, Reporterin, Lachmöve, Saxophon, Kontrabaß, Religion und Weißes Rauschen,

ein fester Gesang mit wissenschaftlich nachgewiesener Selbstheilungstendenz, insbesonders bei degenerativen Erkrankungen, auch
Cantus prius factus, weil er die Welt als ein nicht mehr zu überbietendes happening (selten happyning, öfter Deppening) durchaus erkennet – Uwe Dicks Welt als Wille zur Vorstellung! –

selbstherrlich veranstaltet vom homo erectus semper defectstuß, bis selbiger verrecken wird samt seinem selbstgeschaffnen Gotte und anderem Handelskram, in Wahn und Wucher und weil er den grünen Eid verhöhnte

Für Reinhard W.

Wie läuft denn so ein Tag in Ihrem Leben ab?

frogt mi neili a Reporterin.

Blitzt mei Hirn: Nix laaft ob. Bin koa Eiauhr. »Theriak«,
sog i; Schlußkadenz lesn!

Hockma schtaad; sie a Fragezeichn zwischn de Augn – und
i im Wort ^spiel/spül icht vom – – – Oblaf.

Koa Himme im Fensta, bloß a dreckats Grau.
Kimmt a oids Weib
und ziagt mas Hemd aus.
Ko mi need wehrn, lieg aufm Kreiz.

Und iatz knepfts ma aa no   dHosn auf!?
Dea Kalaua
vom Streapteasetable   foit ma ei,
und wiari den Schwamm im Kibi siehch,
muaßi aa no
an dees hoibe Dutznd Politika denga,
von dem i nix andas meah woaß, ois daß'l...,
l- auweh!! lau-warme Händ ghabt ham und – – –
Oblauf; iatz kimmts ma! – – – daß ma am Jürgn,
dea wo recht eitl gwen is, amoi nachts,
im Intanat, dHand ina Schissl Warm-Wassa
neighoitn ham, und in da Fruah, wiara
aufwacht, isa a Bettnässa gwen.

Oda »Sauwaldprosa« schtudian!   sogi zu dem
Zeitungsmenschal. Nach Seite 13   schpätestens

woaß ma, daßma meine Tog
zschood saan   fia OblaufMechanik!

Wiarimia aa iatz den Luxus leist, dreidimensional
Eana,   mia *und* dem oidn Weib
zuazschaugn, dees wo mei Präfixal freiglegt hot
unds ummanandadraht, daß i scho fiachtn muaß,
es kannt mi wecka.

Aba *do* bin i hart, Frailein Reporter!
Hi is hi.
Umsonst mächt i ja a need gschtorbm sei – – –

und lupf mein rechtn Hax a bißal nauf,
und lossn, grod wias ma dHosn obewickln mächt,
seitlich vom Reachbrett nuntasausn.
An Funknwiabe
hota aus de Kachen gschlogn, mei Pferdefuaß,
und sie UUUUUiiiii-UUUUUiiiii!   naus
ausm Leichnhaus   UUUUUiiiiii-Uuuiiiiiiiiii!
naus und davo.

I ziag ma dHosn wieda nauf
und schliaff ins Hemd, weils mi am Ablauf friat,
und deng ma Sapprament! : iatz siehchstas doch
no ei, daß nix umsonst is auf da Weit, – – –
aa need dei Pferdefuaß, mit demsd daheaghaatscht
kimmst seit 78ge!

arthrosis deformans, so hot
da Dokta gschriebm, und mia is' recht gwen.
Weil   easchtns   hot mas schiarli schwaar

ois Mensch mit Roßhax unta Christn
(do tarnt Latein. Wenn jemand frogt: Sog,
warum hinkstn?: »Arthrosis deformans!«
Dees macht si guad und klingt schtudiat:
do hean de meistn sFrogn und sDenga auf!
und zwoatns
muaß ma aa den Dokta sähng: weil need oa oanzige
von olle Kranknkassn   daat eam de Diagnosn
Roßhax duachgäh lossn; von wegen:
pedes equi! ??: den daatns obhoin, daßn
untasuachn!
So dengima – und dengs hoit laut: weil jeda
zuahean ko, wenn i mi untahoit – – –
und gschpann, daß de Reporterin
a bißal irritiat is.

Frau, sogi, Frailein, denganS Eana nix   ois dees,
wos Freid macht! Dees Andane
kimmt eh dahea, grod so wia iatz UUUUUiiiii-
UUUUiiiii de Martinsheana.
Und scho saans do. De Autotian fliang auf,
und mitm Kreiz voraus – im Hintahoit postian si
Karabinaschitzn – kimmt dGeistlichkeit.
AAAAAuuuuu, Kruzäfix, do hoit mi nix. Do
muaßis leida packn, grod wia da Pfarra
dAufaschtähung! – – –   – – – und aussi ausm Bau, zum
Hintatiarl.

So vui zum *Ablauf!* sogi. I kannt no mehra
aussi-realn   und Eana do den Bender-Faktor PSI
vadoppen, obwoih i no koan Schluck need
trunka hob vom Weißbia.   Prost!

Iatzt hema dGlasl und – – – sie lacht!
Und i lach zruck und sog: Wenn dees koa Endzeit is!

Wie meinens das?

Ja zwengs de Wunda, sog i, heit scho in da Fruah!
A Mensch, und no dazua a Preiß, dem need glei
sHirn aus seina Lätschn laaft, wenn oana, so wia i
iatz grod, dahearedt, wias eam kimmt!
Und prompt
dees Weatal Lebenslauf
und ausschweifend / und auslaufender Lebensschweif /
und umdraht dees / und iatz weads Zeit,
daß mi a zwoate Frog befreit
von dem vaflixtn Reizwoat!   Sonst gähts ma no
ois wiaram Arno Schmidt   mit seim Karl May,
daßd Libido jeds Weatal   untaschwellig macht
– lieb i do, liebst du do : O Mai, is dees
a Freud! Sigm*und* jeda Satz zum Sprung, zum
Ur-Schprung wead, bis daß sogar im vielzitiatn
Ende gut – – – scho wieda so a Ablauf
schteckt.

A poor Sekundn Schweign im koidn Raach vom
Wiatshaus.
Dazua des »Kleng« und »Deng« von dem Beschteck,
dees wo dBedienung mit am Lappal reibt
und »Deng« ind Schublodn foin laßt.
Dann fragt mei VisaWitzal:

Anders gefragt: Wie lebt sichs als Gedichtemacher heute?

Aaauuuu, sog i, aaauuuuu!: dee Antwoat, de wead
scheiß-li!
Weil, wenni *Mach(e)n* hea,
dann siehchi aa scho glei
mein Obastleitnant-Oheim hint in Marquartstoa,
wiara seim Dackl zuaschaugt aus da Tia,
dea wo duachs Gros schiabt, oda schtäht und
schnuffet, bis daß der Ruf erschallt:
Nun mach schon endlich!

Frailein Reporterin, Sie megn iatz lachn:
aba dees Weatal »machn«
vawendt i seitdem seitn.   Dees hot fiami
an ganz besondan Klang!
Und wea Gedichte   oda Worte   oda Stücke
macht: dea is mia *Wurscht*,
um glei im Buidl zbleim, do moga hauffnweis,
oda sogar in Knüttlversn schreim, iii
ziag mein Bogn, weil: manchn hots scho gschmissn,
dea neidappt is in dees, was andre g... macht ham!

DIE FRAGE SEH ICH KORRIGIERT. UND IHRE ANTWORT?

Saan meine Biacha!
»Tag und Tod«, »Janusaugen«... Da hamS mi ganz.
An Mo, wia mi, den packt ma bessa do, ois wiaram
Sch... aungS: (Fingerzeig an den Kopf)   *Deees*
is mei Weit, mei Zaubakugl!   Und
Eanane kannts aa sei: SähngS doat,
de Tausnd Trepfal Bluat, de aus de schwarzn
Feisn sickan?   Mia saan iatz aufm Ätna
im Septemba.   BuckanS Eana!

Was ist das?

Marienkäfal saans. Milliona, de wo in dene Porn
schteckan. Bei find Grod unta Null. Für uns.
Doch dee   hams weama: weil eana dSunn auf
dSchuitl brennt.   Und aa dea koide Wind
macht dene nix, dea Eana eisblau obloost, wiari
siehch?!

Kein Wunder, hier, 3000 Meter hoch!

Koa Wunda, – – – songS?

Dass ich hier friere, mein ich, das mit den
Käfern allerdings...

Marienkäferl, de wo so glanzat-schwarze Baichal ham,
und Kepfal aa so schwarz wiad LavaSchtoa!

Wie kommen denn die Tierchen hier herauf?

Mi 'm warma Wind. Heliotaxi: Fortschrittlich
saans!

Es riecht nach Schwefel!

WeanS need persönlich, Frailein!
Mia saan scho glei dahi.   Dea Gruch von dene
Krataschtoa und von dem LavaKuddlfleck, den Sie
no in da Nosn ham...

Was fliegt denn da?

Wer, miaßnS frogn!
Und hoitnS eana fest: i muaß eam aus da Bahn!
CHCHCHCHCHCHCHCHCHCHIIIIIIIIIIIÜÜÜÜÜ-
ÜÜÜÜÜÜÜÜÜ

WIR TRUDELN AB!

Ruhig Blut!

HIL-FÄÄÄÄÄÄ!

Pappm hoitn, kruzitürkn!
Sonst fliagta uns no noch!
Dem sei Kondensschtroaf gähtma grodno ob!

WER IST DENN DAS?

Am Boß sei Bua. Da Retta – – – nennta si. Und koana
mächtn ham!   Dem   is da Luftraum aa scho
Kolli-dor. De DDR-la hom eam neili Abfangjäga
nachegschickt; grod, daßn need zua Landung
zwunga ham. Dawei kannt er ja sRadar untafliang,
a so, wiari!: Aba naaa: Ea is a Bessana: Ea
tuat nix heimlich! So, do hintn leichta
in da Obndsunn, iatz ziang ma wieda nauf!

HIER STINKTS!

Noch Schwefe, *oiwei* no?

NEIN, ANDERS, PFUI!   WO SIND WIR DENN?

BleimS ruhig, Madame!
Was do zum Christnhimme schtinkt, is lediglich
a Differenz.

Von was?

Von Wort und Tat. Da drunt flackt ROMA.
Umdraht, dees *Roma*, waar mas liaba.
Vakeahte Weit!

Oh, das Gebürge!   Ein Dorf geschachtelter Häuser!

(halblaut) Ou, iatz weads FAZ-feuilletonistisch.
FAZweifelt gschteizt...

Eine Ziiiieegenherde!

(halblaut) Familien-Zusammenführung.
Dees is Planoal im Vinschgau; do bini eftas.

Die eine Geiss reibt sich am Hauseck!

Is wohr?   Pfeilgrod!
Dann nix wia fuat: Schlächtdwedda kimmt!

Ach Sie, Herr Dick!   Wenn Sie nur Pflaumen können!

Pflaumen? Zwetschgn?
A Schliwowitz waar mia scho recht!   Trotzdem,
i bleib dabei: Schnee kimmt. De Goaß

schabt si an Buckl. Wosi siehch, siehchi;
wosi woaß, woaßi. Und meahra, ois wia de sogenanntn
Realistn zwoamoi scho!
Auf gähts, mia ibafliangs. Eihoitn!
(lacht lüstern) N-na-ha-ha, naaa,
need grod do, hi-hi, so, iatz!

UUUUUUUUUUIIIIIIIIIIIÜÜÜÜÜÜÜÜÜÜFF-
FFFFFFFFFTTTT

Hilfäää! Luuuuft!

KirangS scho, kriangS scho!
Und schreinS doch need so bühnenmassig!

Es wird Tag!
Ein Segelflieger; huuiii, wie der steigt!?!

Dea hoit sei Thermik ibam Hüttnwerk
von Sulzbach-Rosenberg; do samma iatz!

Die Stadt des Lütt, des Lüttaratur-Archivs?
Herr Dick, was ist mit Ihnen?
Herr Di-Hiiick?

Jaaa!

Wo stecken Sie?

Beim Pirner!

Ich seh Sie nicht!

Dees is ja klar, da miaßnS *nei!*

Wo nei?

Ja zum Pirner hoit, in Bachetsfeld, dea wo dees
scheene pappat Bia hot,   und Brotwiascht, teiflisch
guade. *Do*   deafsD trinka!

(affektiert)   Sind wir per du?

I hätts fast gmoant. Aba bittschen: Marx contra
Pustekuchen, wennS *so* woin, dann hamma glei Distanz:
Dann saanS fia mi hoit aa a Gans; oane von dera
ViertlMillion Brandgäns   aufm Groußn Knechtsand,
südwestlich von Scharnhörn,   de wo need zum
rettn saan.   Oda hot ma Eana bei da großn
Duden-Konferenz *oamoi* erwähnt, und wenn a bloß
in Gänsefüßchen?!
Need, gei!?   *Wusch!*   sogi.
Wia dea aus da »Sauwaldprosa«.
Liaba varuckt wia vadraaht.
Kepler hatte 13 Kinder,
keines erbte sein Genie.
Klauenfrosch und Mörderbiene.
Der Mensch, der seinesgleichen liebt,
verharrt in Eigenliebe.   Anthropopanz!
Chavatal-Paste gegn Steinpest.
Wassakepf eilodn: ois Luftbefaichta bei Zentral-
heizunga.
Ein Mensch, der ein Germane ist,
ist deshalb noch kein Germanist.
Ihm unerfindlich: Das Lied der Südtiroler

Spritzenvereinigung: Obst   Obst
Obstas ibaleebst?! Und der Jurist bleibt geistig
wehrlos. Das Leben ist ein Prozeß, der wegen
Geringfügigkeit eingestellt wird. Aufgabe der
Utopie um der Realität willen? Beim dreigehörnten
Stier, ihr langweilt mich. Theriak, sog i!

Sriliwatschi! sogi.
Tko ne pije ni vina ni rakije,
ne vidi ni Boga ni Marije.
Bolje umeti   nego imati!
Bolji je dobar glas   nego zlatan pas!

Es stammt der Mensch vom Affen ab, drum sprich
in Afforismen!
Schto poschten tschowjek retsche, ne pòretsche!
Wo se wesche   sa rogowe   a tschowjek   sa rogove!

Leuchttonne Tango / Whisky nach Schiffsmeldung ver-
löscht.

Hier verlässt mich die Schulbildung...

Je gelehrter, je verkehrter.
Dumm wiara Dokta: ibam Lebenswerk hockta.
Gibt das Letzte, was er hat
und schmiats aufa Blatt.
Gleant hota ois, bloß sDenga need;
iatz isa akadamisch bläd.
Begriffsspagat im Nichts.
Ingeniosa gula est. Schwarze Lecha noch und necha!
Pro spundi vita, sozusagn.

Ezra Pound need gleesn?: »Ein Mädchen nur
ist mein Genie!«
Darum, heiliger Priapus, schtäh mir bei!
Oache-Sieben, bitt firuns!
Shakespeare   loßtma amoi herausd,
Immerhinque,   so vui siehchi: Da Briefkopf
is oft da oanzige, unta dem oana schreibt.
Submiesest. VaschtähnGans? Fürderhalben.
Do lex mihi ars, aba glei!
Guad, i hob need Soziologie schtudiat und
woaß need, daß da Kapitalismus schuid is.
Vivitur ex rapto. Trotz... Rotz Nasologischa
Literatur. Und Religion. I glaab ois,
hotta gsogt, i glaab ois zamm, wosi dawisch!
Pechfarzer, Arschetypm, Sackgassenkehrer,
Nasenauswieger und Totenpfeifer,
Zäpfleinlüller, Voxnasenpopulidrülla,
Windmüller und Makulaturseelen,
da hilft kein Allergiepaß!
Ansonsten, Madame, verweise ich
– Taschenbuchstabe D, »Sauwaldprosa« – auf den
berühmten Rosenheimer Sepp Selbertinger zu
Selberting, den Verfasser des goldenen
Universalschlüssel*s*. Ssss! (Genitiv.
Geh nie tief, sonst gehst du zu Grunde.) Womit
die Knallmacht des Kategorischen Stümperativs
erwiesen ist. Cogito
ergo brumm.
To buy or not to buy, that is the Quatschn.

Und nicht vergessen: Die Funktion der Familie
ist es, Eros zu verdrängen. »Das Mädchen ist

fortan wieder als Jungfrau zu betrachten, die
Ehe zu anullieren!«   Ja-ja, die Ehe!:
Ehe er zu denken begann.
Kurz ist die Lust und lang die Reu.
So mancher ist bequem und darum treu.

Der Mensch läßt sich *bewußt* begaffen.
Das unterscheidet ihn vom Affen.
InfanTillEulenspiegelei!
Wenn deus, pardon, dees seine Ebmbuidl sei soin,
nacha mächt i mit Eam liaba nix z'toa ham.
Dixit. Ich bin Monarchist: Es lebe der
Zaunkönig!

HERR DICK, ICH VERSTEHE SIE NICHT?!

Seiba schuid, Madam!   HoitnS Eana, wennS
Distanz ham woin zum Leem – und nix andas bini –
an den nextbestn Dozentn fia nichtnormative Ästhetik!

Mi jednfois   interessiert de Wirbllöschung bei
de Delphine mehra, ois wia de Diskussion ibas
Lange unds Kuaze unds Mittelschwere odas
halogenresistente Gedicht!
Foin büs thum Unthinn, hotta gsogt.
Und: »indem das Unzerfaserte dem Zerfasernden
gegenüber sein Recht weist«!
Und: Auszuuzlte Gottsackersfliang!
Und keine Ahnung vom Bairischen Windgesetz, bzw.
Buys-Ballotsche Regel!
Und sooo oane sogt zu mia: »Benimm dich allgemeingültig!«

Daß i need lach!   Zu mia! Dawei, pascholl,
dawei bin i ja no mit Siebzge a Teiffe, wiara
junga Kaplan!   Frailein, do saan Sie scho
längst außa pfisatischer Behandlung! Mit Zähn,
wiad Schterndl: nachts – – – kemmans raus.
Und hean aa nimma den Hahn von Tittmonning:

I-a-raa-iiiiiiiiii!
Sie Pütt – pütt – poooook, Sie!

Herr Dick, was fällt Ihnen ein?

Eana, wenni oschaug, nacha foit mas Nextliegende ei:
z. B. a Rubaj,
Omar Chajam, wissnS scho! Bini aa:

Du grübelst wieder, was am Ende sei:
Ob Würmer, Fische, oder Stürme Deinen Leib zerteilen?   Wie müßig Freund,
und sollten's Geier sein: *Du* bist nicht mehr dabei!

Du stehst am Quai, siehst weiße Schiffe gleiten,
aus Traumpalästen in türkisene Weiten ...
Ruf Deinen Blick zurück fürs Auge der Geliebten:
Dort still Dein Fernweh – in Unendlichkeiten!

(halblaut)   Schaugs nur oo, wias pumpt!
Hot di wahrscheinlich aa fiaran Heimatdichta
zwischn Attnang und Redlzipf ghoitn.

Naja, wia schreibt da Otto Weininger? ... »sozial
wird der Mensch, weil er sich selbst im Anderen

sucht.«   Oiso, pack'mas: weama sozial!
Suachma a andas Tiarl:

Ich wollte in Venedig unter Lauben
der Grazie und dem Stolz der Schönen glauben.
Da kam ein Wind, hob ihr die Röcke
Nun weiß ich, daß sie *nicht* zu hoch, die Trauben.

(wieder halblaut)   Schaugt oiwei no so vakrampft,
wiarinam gruppmdamischn Prozeß?! Wos hots da
neili im Radio ghoaßn?:   Durch Lockerungsübungen
Einverständnis mit dem eigenen Körper herstellen...
(Hans Moser imitierend)
Lippä Dame: Ätscha, ätscha, doafs ein
Cantus intimus säin? Ein Lüüüdal
füas Schlamperl am Tischerl im Nischerl?
Jo? Ätscha, samma fesch?   Samma schnäidig:
Schöne Mäid / im Abendkläid / schind Sie beräit?:
Wia sünd tschu tschwäit!

HERR DICK, ICH ERKENNE SIE NICHT WIEDER!

Was hoaßt do *wieder!?*
Ham mia zwoa   uns scho amoi *erkannt*, ha?
Sie, *so* persönlich   bin i Eana fei no need kemma!
– – –
(laut) Frau Wiatin, no a Bia!

ALSO MIR WIRDS JETZT ZU VIEL!

Fia Eana hob i dees Bia aa need bschteit, sondan
fia mi!

Aba need, weili Eana ohne Lethe-Methe need vagessn
kannt!   No dazua auf niachtan Mogn.
(wurgernd) Ooouuuää-äh, Wiaschtl, Wiiiiaaaschtl,
hota gsogt, bringi neiadings aa koane meah obe,
seiti beruflich   so vui Leit oschaugn muaß.

WESHALB SIND SIE SO *AGGRESSIV?* JETZT?

So, bini dees?
Mi braachts need wundan: As Leem   is scho oiwei
aggressiv gwen.   Da Aufschtand von de Eiweiß –
gegn dSilicate *und* an leern Raum!
S *Ein*dringliche is Leem: Incubus, incubussi
bussi denn zum Mädele hinaus... Und wos *mi* druckn,
druck i hoit dagegn: wenni need auskimm
und woandas mei Ruah zum Denga kriag, *zum*, need:
vom!

As Schuastanagal, Frailein, glaamS ma dees,
mocht mi so wenig aggressiv, ois wiara Weddagleckal
odara Piroi!   Sogar de Menschen moogI,
wos no Augn ham, wo i no siehch, obs woanan oda
sinna!
Aba dees Gsindl, dees need denga *mächt*,
unds Gwissn obgschteit hot, damit de Gschäfterl
bessa laffa ––– Oblauf: Bisibisinäss, hommaswieda!
––– de Mia-saan-mia, de Andan druckma naus:
dee suach i   und de scheich i, wiarI ko!
De draatzii, daß aus eanam Rhythmus kemman,
und Raupmfraß, den beet i eana hi, und Krebs
in siabazg Schichtn!
De Kahlschlaggrattler, de wo zearscht planian

und teern, damits uns leichta zammfahrn kennan,
dee bsuach i   und *vafluachI*:
De »Hauptsach-da-Flints-schtimmt!«, dee, ja, deee
mit eanam KaimansLauern, de mi und di taxian
und oanzigs frogn: Wos bringta?   Um wiavui Pfennig
muaßI griaßn?   Und scho a Schtindal schpaada
Gas geem   und schtian in eanam Schtinkobil
und dreckat lochn, wenns Di gschniddn ham, daßD
mitm Raadl von da Schtroß host miassn...

Ja deene   schmeißI Drudnfiaß ins Kreiz!
De saans, de unsan Schtean vadeam: vafehlte Schepfung,
de i gean vafluach: daßd Fedan vo de Schreiba
ibam Sündnbuach vagliahn   und eana dTintn
grod aso vazischt, daß' seiba schuidig wean,
de HimmlsSchreiberling, weils obakaifan, obafluacha:
voa lauta Zruckbleim mitm Sündnbuacha!

HERR DICK?

Wea soi dees sei?

JA, SIE!

Do teischnS Eana!

WER SIND SIE DANN?

Da Ed.   ???   Den kennanS need?
Sei Vadda
is a Mogngschwür   und sei Muadda kochte Goinn!
Am liaban waara gorneed. Aba den Gfoin

hot eam da Hexte need vagunnt: da himmlisch Vadda
von de Gurgljaga,
de Zinsfußschleichal,
de Bimsschtoaheazal und Klumpm-Ichal,
de Raffkes und Piffkes und Paffkes,
de Siaßling und Kronviecha,
de Knickling und Bickling und Ärschling
und Plüschling und Volks- und Trauermärschling,
de vollmotorisiartn Fürchtegott-Schlagetot-Maierrrrrrr,
de Pädagogiarchen und Dauerstatistn,
de schnupf-zimpftign Gmiatling
– kenigstrei und arbeitsschei –
vareckte Hund samma, gei, und Buidzeitung: weil
ma woaß äh scho, gei?, !   Ma is infoamiat, gei!
Und in da Mehrheit is ma aa!   A Mehrheit
und oiwei mea heit braacht ma!   Weil *alloa*
foit ma um!   Wenn aba olle umfoin,
ko ma (Koma) need oam oanzign dSchuid gem, gei!
Mai, mia saan Mai und koa Hirn samma mia
Bluadssakramenta   samma   soichane Hundling scho,
sogida, und ois wead runtagmacht, wos nauf wui:
weil mia saan mia und wea dengt is gegns Voik!!!

Weil mia bleim, wiama saan.
Und drum homa scho oiwei gsogt:
dees vaschtäh i need.
Und wosi need vaschtäh,
dees gibts need.   Eigntlich
deafats mi ja aa need gem, weil i mi
seim oft need vaschtäh!   Aba dees
wead scho so sei miassn: weils ja de andan aa aso gäht,
dene *(ruhrpöttisch)* Sindwar in Östäräich

jewesen, Kaffe jetrunkän...
dene Umba-Umba-Tätäräää,
bis nauf zu de Wortlangustengarnierer,
Pasteten-Poeten und NasalÄsthäten
und kallöse Kritikaster
– Zuweilen blitzts in seinen Augen argentinisch.
Seine Mutter war nämlich Argentinierin.
Rubinstein   hat nicht die linke Hand von Horowitz.
Schubert ist kein Mozart. –
und doctores irrefragibiles
alle de schnickschnacklatn, giggacklatn
Wochenendfilousofn und Inter-Prettl-voam-Hian,
dünnstümmige BildungssprayMimis
und ThermoMamis,
BezirksOthellos und Districtmänquatscher,
Hartgummisein und
Topfit-Radicalschick-Tschätsät-Kittegatt-Lätschn
und Nix-im-Kopf-ois-Zaster
und...
        Jaaaaa, wenns bloß a Kaschpaltheater waar:
i daat eana d Prätschn naufhaun,
bis da Vorhang foit,
und mitm Krokodil   daat is zammreitn,
und mitm Pferdefuaß schtäßßln...

Aba es *is koa* Theater need.
Es is bluadige Würglichkeit.
Betonian woins mi. Zammfahrn. Kloakriang.
Gift deans ma ins Essn. Gas ind Luft.
Aushöhln woins mi.   Nervn.
Mit Krawoi daschmiargln. Bleed mocha:
Dees hot ma heit aso. Drum hots uns heit aso.

No need redn hob i kenna,
da saans ma scho voam Gsichtal ummanand:
vowegn Buuuzi-buuzzi, duzi-duuuuzziiii!
Und: Hat dath Bäbi dakki-dakki
macht?

Kam, daßi greßa gwen bin,
homs ma ins Hirn einegschissn:
Der liebe Gott. *Der* böse Mann. *Du* braver Bub, ja
du Chaibesiach, duu aagroztr!
Der deutsche Geist. Und
der feige Italiener und
der steife Engländer und
der schlampige Franzos und
der dreckate Pollack und
der besoffene Rußki und
der schwarze Neger (mehr homs need gwußt)
und *die*
die gelben Chinesen. (Weils so vui saan, gei!)

Unds Radio aufdraaht (Fernsehn hots no koans gem)
Und wosis kemma?
Schabba-dibabba-dibaba-dibou
morgens / mittags / abends / nachts
schabba-dibabba-dibaba-dibou
und Liebe auf Triebe und Schmerz auf Herz
schabba-dibab-dibabba-dibou
Unds Alpmglühn auf Sidolin
schaba-dibaba-dibaba-dibou

Supp – suppmdubm / supp – suppmtubm
Mocht ma eich blääd ///

Supp – suppmtubm
Kaffts, Leidl, kaffts: Suppmtubm / suppmtubm

suppidibappi, dimammi, dibubi, dimädi

Mei Familie is need sonderlich gebildet gwen;
do wennsD Dante gsogt host, hams gfrogt: welche?
Aba dees ist heit vabledungs-systemimmanent.
Je dimma dLeit, desto leichta zum Regian.
So vui zua schtaatlichn Schuipolitik.

Dung dung dung / I bin bläd
dung dung dung / du bist bläd
dung dung dung / mia saan bläd
dung dung dung / aba need
               gor so bläd
               wia de andan, gei?!

HERR DICK   ODER ÖD   ODER...

a *(Fisch-Pantomime)*
oda a *(Möwen-Pantomime)*
kriij-krriijjj
            hahaha-ha-ha-ha-ha-ha...

EINE LACH-MÖWE?

Bravo – bravo! Ma braucht bloß auf Wortschatz und
Syntax vazichtn, und scho hot ma Kommunikation!

Glei weads de deitlichsde Annäherung zwischn
uns zwoa gebm, Frailein Reporterin!:

(Enten-Pantomime)
Gnaaak-gnaak-gnaaak!
(gründelnd)   t-t-t-t-t-ttt, gnaaaaaak, gnak, gnak!

Also, Herr Dick, Sie sind...

... befreites Leben, selbst-vergessen, Reflex des Universums...
Denn ich beharre nicht auf meinem Ich. Bin, was ich sehe. So genüg ich mir. Wenn ich ins Schauen mich verlier und ichlos Wolke bin und Baum und Wind, nichts als das Schlagen meines Herzens in der Stille, blühend von Ferne, das Auge in der Geißblattlaube, Glückseligkeit des Pfirsichs und der Traube, was soll mir da ein Name unter Toten?!, ein schöner Zug in Buch- und Gräberreihen?

Durchs offene Fenster schelten Kibitze. Der Nachmittag – unter den Bäumen atmet schon Nacht – bringt eine melodische Schwächung, ein Nichts-mehr-Begehren, inneres Vergehen. »Gern legt man dann sich hin und vertraut sich dem All an, das uns hervorbrachte aus dem Unergründlichen.«

Dieser Satz aus Kubins Briefwerk, jetzt hat er seine, hat er meine Stunde. Planetenfern singen Zikaden. Bewegungen werden zu Mehl. Die Sinne sind eins. Durchs Auge strömen Töne. Das Ohr schmeckt Dämmerung, und aus der Kühle, die der Vorhang fächelt, blicken zwei Teiche, angefüllt mit Staunen: ein Fabeltier mit Lipizzanermähne. Aber der Parkwald, worin es ruht, versinkt im Traumsee. Stattdessen tauchen Gebirge herauf, balkanische Dörfer. Turbanträger schmauchen langstielige, erloschene Pfeifen. Über den Tisch des Hauses zischeln Vipern. Schakalgebell. Fledermausschwärme. Heere von Ratten. Der Ibis am Rande der Stadt weiß mit dem Buckligen zu sprechen. Rostende Mechanik. Stillstehende Mühlen. Im trüben Schein der Gaslaterne entzieht ein Mann mit Melone einem Mann mit Melone den Schatten. »Weiter nichts!« tutet ein Ohrenbläser aus dem Rachen der Boa. Und ein dunkler Turm bricht nieder.

Ein Bett auf dem Stadtplatz, daneben ein Stuhl. Krähengewölk. Mannshohe Spinnen. In der Brandungshohlkehle hinterm Hafen, hinter den Geisterschiffen, strandet ein Riesenfisch. Aber die Menge sieht's nicht, das Zeichen. Weil die Kameltreiber kommen. Lanzen und Fahnen zukken im Takt zur Janitscharenpauke. Narrentanz und Schellenbaum.

»Das ist schon immer so gewesen!« tutet der Ohrenbläser. »Warum sollt's heute anders sein?« antworten die Kalbsköpfe und gießen Wasser über die Sau am Spieß. Und im Keller steht ein Greis im Hemd, aus dem Schlaf gerissen. An die Wand gestellt vom Monster Mehrheit. Noch ein Ruck, dann wird er festgenagelt sein, gepfählt vom völkischen Zeigefinger, der auf ihn zielt, einen phallischen Schatten werfend ins Graue. »Weißbart, wo ist dein Judenstern? Du hast keinen? Du bist kein Jude? Ah, das tut nichts zur Sache, Tatterchen!«   Es wird sich wiederholen. Unter anderen Vorzeichen. Ein panisches Pferd jagt durch den Stollen. Hier in den Grüften wird gefoltert. Der mit des Deutschen Michels Kappe umfängt einen gequetschten, geräderten, geschnetzelten, knochengeknackten, gepeitschten Leib. Er

schleift ihn aus der Katakombe. Zur Leichenhalde. »Ordnung muß sein!« »Wo anders gab's das auch!« »Außerdem waren es *nur* fünf Millionen, nicht sechs!« »Maßlos übertrieben das alles!«   Und sogleich das Drängen aufs Vergessen: »Muß denn das immer und immer wieder gezeigt werden? Kann man nicht endlich einen Schlußstrich...?!«
Hei, welche Eile, welcher Eifer, durch anklägerisches Auf-die-anderen-Deuten sich zu dispensieren von der Selbstbesinnung! Und wie großzügig: »Gut, wir sind schuldig. Aber dafür muß jetzt...« Und im Tonnengewölbe prüft man erneut die Daumenschrauben. Und der Jüngling in Hippie-Uniform, make love not war im Knopfloch, berichtet strahlend am Mittagstisch: »... haben wir im Deutschen ganz schön zur Sau gemacht, richtig fertig gemacht!« Die morgen dran sind, haben »Wichtigeres zu tun«: zählen Zaster, bebrüten Weib und Glut, fischen in der Luft, begaffen Karaffen, Fakire und Menschenaffen...
Was die Bilder Kubins vor mir auf dem Tisch so beunruhigend, so aktuell, so zwingend jetztgültig macht, bei allem Es-war-einmal der Architektur, der Vehikel, des Mobiliars, der Gewänder und Dinge, bei allem Weitab der Region, aller Eingesponnenheit der Orte, das ist die Dramatik des Verborgenen. Noch steht alles bevor: auch wenn's schon drunter und drüber geht. Es ist nur der Anfang. Der Lärm, das Getue, die Geschäftigkeit, das Tamtam, das so viele Leutchen bereits für »das Weltgeschehen«, die Epoche halten, sie sind so trügerisch wie die Ruhe. Stets braut sich was zusammen, bahnt sich etwas an. Die Luft mag muffig, waldwürzig, polar oder wüstenheiß sein, sie knistert vor Spannung. Jede Sekunde ein Nochnicht. Jetzt? Nun schreckt mich schon die Klinke, die nicht gedrückt wird, die Wespe, die nicht zustieht, die Vase, die nicht

stürzt, das Lächeln, das unterbleiben könnte... der Riesenvogel, der nicht herbeirauscht, mich aus dem Bibliothekszimmer zu picken.

Hellwach gehe ich hervor aus dem schlaftönigen Nachmittag, witternd, tastend, ortend, als gelte es, das Gegebene von Grund auf neu zu überprüfen, lauschend, spähend, als bestünde jetzt eine besondere Chance, weitere Blicke auf die andere Seite zu tun, hinter die Kulissen, die sich der Wahrschau zu öffnen hätten, gleich der unter Tapeten verborgenen Tür eines Palastes, als dessen Gefangener sich der Gast, auch der verwöhnteste, betrachten darf, solange er nicht aller Mechanismen, Gänge, Falltüren, Schliche und Spione Herr ist. Solcher Gespanntheit der Sinne wird jeder Stein wichtig, jede Maserung, jedes Geräusch. Freilich folgt diesem erregten Suchen nach Zeichen und Signalen alsbald ein müdes Lächeln. Ein müdes, kein enttäuschtes. Denn es enthüllt sich dem auf Selbstsicherung Bedachten zwar nicht das große unbekannte »Etwas, das den Himmel überm Berg hält«, doch immerhin entdeckt er, dem Ducklauf einer Amsel folgend, eine geöhrte Brillenschote, ein zweifelhaftes Kratzkraut, eine prächtige Siegwurz, einen gemeinen Augentrost und, sieben Handspannen neben bitterem Lorbeer, eine schamhafte Sinnpflanze *(Mimosa pudica)*, die, wie mancher unerfahrene Poet, vor allzu rempeligem Publikum, bei Berührung die Blätter einrollt.

SIE SIND...

...nicht minder, wenn ich auffahre aus meinem Halbschlafe voller Photismen und Hirnschalenmusiken.
Ui, ui, ui, was richte ich da oft an! Man bewirtet mich gratis und erwartet im Gegenzug lediglich, daß ich gesellig *und* geistreich sei. Doch zu der geistigen Forderung gehört mindestens ein Zweiter, der aber selten auszumachen ist in so einer Teetischrunde.
So entscheide ich mich für die geistige Geselligkeit mit mir – und schlafe, gutmütig und diszipliniert wie ich bin, offenen Auges vor mich hin.
Plötzlich aber – die anderen sprachen unterdies fort – weckt mich Applaus. (Man weiß ja: Uwe Dicks Welt als Wille zur Vorstellung.)
Vor mir – der Tisch. Aber wo sind die Manuskripte? Wieder beiseite gefegt? Verflixtes Temperament! – – Also erst einmal ein Handzeichen. Damit das Geklatsche verstumme. *So* gut war ich ja nun wirklich nicht. Habt mich wohl wieder mal zu schnell verstanden?! Was geht's mich an: L'loyds Intelligence Service. Aha, die Runde horcht auf. 'türken und kein Manus'! Ruhig bleiben, Dick, ganz ruhig! Zeit und Stille arbeiten für dich. Was du jetzt sagen wirst, hat Chance. Der letzte Satz, er bleibt oft hängen. Nicht ganz, aber immerhin. Nur zu. Und keinen Kalauer oder'n billiges Wortspiel. Wär' schade, vielleicht sogar peinlich. Die haben Feuilleton genug. Anderseits soll's auch nicht etwas zu Hochgestochenes sein. Na los! Hast genug Einfälle. Nennst sie manchmal deine Hunnen.
Von Kunst und Bildung klapperten die Teetassen. Noch eine Schale Tee? Danke, nein, keine schale Teestunde mehr! Irgendwer sprach von Neuer Anschaulichkeit. Und vom aufkommenden Mut zur Innerlichkeit. Träges Hirn, was nun? Damen kommen und reden so / daher von Michel-

angelo. Nein, 'sja von Eliot. T. S. Und außerdem darfst du die Damen nicht verprellen. Hm, Damen. Das Nachtgebet des Junggesellen, / das endet in den meisten Fällen / mit einem D vor Amen. Stuß. Unmöglich hier, wo alles versammelt, was Drang und Damen... Dämliches Zeug. Zeugen. Als sie nackt vor ihm stand, kam sie ihm so bekannt vor, daß er sie auf der Stelle vergaß. Grüne Neune, die Leute werden unruhig. Nun aber schnell, Dick. Zwei, drei Sekunden noch, dann muß es raus sein. Wofür hat man dich eingeladen? Füßescharren. Die Bürger haben Angst vor meinen Träumen; besonders die mit schönen Frauen. Ach, was – dann meinen die Männer wieder... Hirn, verdammtes. Hüsteln. Blockade? Gerade der Abgang ist wichtig. Abgang. Gebären. Schwangerschaftsmythologie. Ich als Frau. Ich als Mutter. Mutation. Kinder – geld? Und Zuchtprämien. Wahrlich, Vater Staat macht keine Unterschiede. Schiet. Schittndöch. Schied aus dem Leben. Leem und Leem lassen. Aus Erde schuf er ihn. Aus Baaz. Drum so vui Baazi umanand. Um Gottes willen, jetzt nur nicht in die Mundart rutschen. Ist denen zu provinziell. Bessere Gesellschaft. Bildung durchblitzen lassen. Quod licet Bovist oder so. A-A-Aus, Vorbei! Aufbruch. Distanzierte Grüße. Matte Sache heute. Nicht mal 'ne Schlußpointe. War früher witziger, der Dick. An was arbeiten Sie gerade? / An mir. / Sind Sie mit dem Umweltminister Dick verwandt?! / Ha-ha-ha! Auf euren Witz kann ich hundertprozentig verzichten. Gebt mir lieber 'nen fünfzigprozentigen Schliwowitz! Danke. Nun wird mir schon wohler. Grod foit ma ei, daß aa wea bin! Und auf eian Backalbutta, eire synthetische Marmalad samt gfarbte Wurschtraadl brauchts eich gornix eibuidn. Buchweiznschmarrn is ma liaba. Oder ein ungespritzter Apfel. No an

Schliwo, bittschen! So is recht. Euch werd ich's zeigen dekadente G'sellschaft, vollklimatisierte! Orbiter sum, non podex. Ossi, do her! Sauf di a! / Sauf her auf mi! / Es guit Dei Woih! / Wia aa dees Dei! / Soist leem, Du Hund! / Soist scho glei leem aa bereits!
Ossi, bittschen, no oan drauf!
De Sonn, de wo beim Tag scheint, wos ohnedem scho hell is, dees is bereits gar nix. Aber der Mond, der in der Nacht scheint, wos finster is und olle Leit schlaffn, olle Achtung!

Sie sind...
du / er / sie / es / wir / ihr / sie
und *(shugarblues)*   und *(Wahlkampfkandidat)* und

DIE BALLADE VON DER BADE-SZENE AM JURAMEER

Oder: Der Saurier, der kein Kavalier
Oder: Warum die Saurier baden gingen
Anmerkung: Es dürfte sich um die Sippe
der Brontosaurier gehandelt haben, eine
pflanzenfressende Art, deren ein Riese
bis zu 25 BrontoRegisterTonnen verspeisen konnte

1. Teil: Das Einzelbad

Eine Sau-
rierfrau –
Name unbekannt, weil
zu lange her –
eine Saurierfrau
stand am Jurameer.

Sie war schön,
die Sau-
rierfrau,
und das wußte sie genau,
die Sau-
rierfrau.

Gar nicht weit von ihr
stand ein männlicher
Saurier,
stand und fand

die Sau-
rierfrau
höchst charmant.

Sie fand auch
und zwar,
daß das Leben
öde war.
»Ob ein Mann«,
dachte sie,
»ob ein Mann
Unterhaltung bringen kann?«

»Bin allein
heit,
mach mich rein
heit«, sprach die Sau-
rierfrau,
zog ihr Bein-
kleid aus –
und das war genau
sechzehn Meter lang –
und dann sprang
die Sau-
rierfrau
in das Meergebraus.

2. Teil: In Schreck gebadet

Als die Sau-
rierfrau

nun die Flut verließ,
schrie sie: »Wehe mir!«
Denn ihr Auge stieß
auf den männlichen
Saurier.
Und bedeckend ihre Pein,
jagte sie im Galopp
zurück und hopp-
ste in das Meer hinein.

»Bitte gebenS' mir,
lieber Herr Saurier,
meine Beinkleider her,
weil ich mich
sonst genier!
MachenS' schnell,
bitte sehr,
werfen Sie's mir zu,
denn ich frier,
Herr Saurier, hu-hu-huu!«

Doch der Sau-
rier stand,
starrte wie gebannt
stundenlang
auf die Sau-
rierfrau, die sich nackend
nicht hervor
wagte und erfror.

3. Teil: Das Ende, bzw. die Konsequenzen

Weil der männliche Saurier
gar so gier-
ig war
und so triebhaft,
das ist klar,
wurden ER und SIE
nie ein Paar.

Welch ein Narr,
der Saurier!:
Wußte nicht,
daß mit ihr,
deren Anblick ihn
umfing, wußte nicht,
daß mit ihr
nicht nur eine
Jungsaurierfrau
baden ging,
sondern die Saurier
im Ganzen!
Denn die Chancen,
sich fortzupflanzen,
hatten mit ihr,
die ertrunken,
ausgewunken.
Denn die ihn so sehr
ergötzte, war die
allerlötzte
Jungsau-
rierfrau.

PS:

Geniert sich jemand
konsequent,
so sehr, daß er
ins Wasser rennt
und lieber stirbt,
als sich zu zeigen,
empfiehlt es sich,
davonzusteigen,
mit dem Gedanken,
daß Strip-Ties
doch nie termingebunden
is.

Oder:

Teilweises Glück
wird voll und ganz,
übt man
zur rechten Zeit
Distanz.

(abwimmelnd) HERR DICK, SIE SIND ...

Spiel und Verwandlung. Wie in der Pariser Canetti-Rede
dargelegt. Im Namen des Baumes und seines eingeborenen
Sohnes, des Buntspechts   Seite 39
Theorie *und* Praxis der Verschwendung!

Mit 13 anderen Worten: Ich geize nicht und reiche gern so

viel, daß noch etwas übrig bleibt. – Aber genau das ist es, was sie gegen mich haben, die Kennerchens und Nennerchens. Es ist *zu viel*, was ich ihnen zumute (nämlich Denken)! Ganz gleich, ob Prosa, Lyrik, Szene, oder wie sie's schubladisieren, 's ist zu viel!

Kuchz...

Sauwaldprosa, Seite 92: *Haut ab*, ihr *Verkürzer* der Sprache und des Lebens! In die Büsche, ins Wiruwaruwolz, sprechblasenkranke Mickymäuse, Feuilleton-Gofies und Buidlbeppis! Für euch nicht die Doppel-Revue in Großlausau und in Kauzen samt Feldzügen – sondern den Nürnberger Trichter!   Nie, nie, niiee! werdet ihr – – – Aposiopesis.
   Dann tief durchatmen.

Apo Pe... Apü-Büttä was? *(Verlegenheitspause)*
Apropo Sauwaldprosa: In diesem, wennichrichtich

Wenich richtig!

In dieseäm work of Progress findet sich... eine...

REDE AN MICH SELBST IM KREISE MEINER BRÜDER, DER BÄUME

. . . .
. . . .
. . . .
. . . .
. . . .
. . . .

Das war's. Zwar vermochte ich nicht alles an- und auszusprechen in dieser Rede an mich selbst von unbestimmter Dauer – zudem: das Problem der typographischen Darstellung subjektiver Zeit –, doch werden mir gewissenhaft prüfende Geister dafürhalten: Form und Inhalt, Wie und Was, divergieren nicht, sind eins. Denn durch *nichts* ist *nichts* kongenialer, deckungsgleicher auszudrücken als durch nichts. Wie, was? Und die Pünktchen, die sollten nichts sein?   So viel wie nichts! Denn etwas – und viel mehr sind Pünktchen zweifellos nicht – ist heutzutage, der Autor bedauert das, so viel wie nichts; heute, da doch bekanntlich das meiste, sogar das Erhabenste, nichts mehr gilt.   Wie ich solches Unterstzuoberst bewirke? Einfach, indem ich dasige Schreibmaschinisten parodiere, – all die neueren Ifflands, Kotzebues, Houwalds und Weißenthurns, deren Wortschatz so radikal durchrationalisiert ist, daß sie gar nicht anders können, als mit einem Wort all das mit- oder auch zu meinen, wofür der Mündige besondere Worte hat.

GESTATTEN SIE EINE UNTERBRECHUNG?! ALS JOURNALIST...

Aus *meiner* Dienstzeit im Blätterwald weiß ich noch zu genau: so mancher Kopf, der uns da leuchtet, ist faules Holz.   Wollte man mit solchen Köpfen konversieren, hätte man ihren ganz speziellen Geist anzusprechen, den Holzgeist. (Metanol, Ch_3OH) Indes Kenner des Frühgermanischen recht genau zu erklären wissen, warum die Sauwaldprosa beim Gros der Rezensenten kein Echo finden konnte – als ob jegliches Echo nur das sein müßte, was noch die Altnorden deuteten: Zwergensprache.

Zwerge, Konsumwichtl, Antennenwald – assoziiert mein halbwaches Gehirn, – Mainzelmännchen, niedlich, Gartenzwerge, Keramikbambis. Häusler. Die Städte wuchern – und die Menschen schrumpfen. Parzeller Schwachsinn. »Der Eigenheimgedanke bis ins Grab«. Draaaaaaa, Stutzer hinter Rasenmähern. Das Gänseblümchen könnte ihnen übern Kopf wachsen. Draaaaaaaa »Wos saan dees füa Gwax?« – »I woaß need, mia hams ausm Gartnzenta!« – Draaaaaaa – Filterkaffee zum Werbefunk. Plastikstühle unterm Wagenradl. »Daß ma woaß, daßma aufm Land is!« – Draaaaaaa – »Im Wohnzimma samma total rustikal, dees hot ma jetzt aso, wissnS!« – Draaaaaaaaaaaa – »Aber es gäht hoit nix üba a poor Stundn in Gottes freier Natur!« – Drraaaaaaaa – »Gspannt bini ja, wos' heit omds wieda für an Schmarrn zoang im Fernsehn!« – Draaaaaaaa – Damit i need durchdraaaaaaaaah – such ich bisweilen den Sauwald. *Meinen* Sauwald, denn von dem Waldgebirge gleichen Namens heißt es Abschied nehmen. Auch hier baut »man« großspurig. Auch hier glasklinkert's und eternitet's. Auch hier sind sie gräßlich am Werke, die Krawattlzwerge mit den Monsterträumen, die Kleinhirnbesitzer mit Hubraum, die Gschaftler der Zerstörung. Durch Farbennächte und Blütenträume kracht der Schürfkipper eines zorngelben Payloaders, bricht die protzbrutale Zementfresse einer neuen Raiffeisenkasse. Kinderstimmchen, süß wie Chloroform, singen zur Eröffnung unter Stabführung des Ortsgeistlichen: »Großär Koot, wir lo-ho-bän Dich, Häärr, wir pra-hai-sen Dai-ne Stärke!« – »No ja, der Billinger hot eh nix ghobt, – des Haus wird fuatgschobm, is eh kloa!« (Hartkirchen, am 26. 10. 75) – »Des Schloß zu Aschach? – Dreistöckige Arkaden? Wunderboarer Poak? – No ja, – aber des hot die ÖHAG kaaft; gegen de steht bei uns kaa

Politiker auf. De loßn den Bau verfoin – und dann schiabmsn auf d'Seitn, is eh kloa!« (Aschach, am 11.06.77) – »HabmS schon ghört, jetzt bohrns' im Sauwald aa! Weil's dort den Zwentendorfer Atommüll lagern wolln.« »Willkommen im Lagerhaus!« kann ich da nur noch sagen. Und schauen, daß ich davonkomm', ab und davon – in meinen Sauwald. »Noch lebe ich, noch hab ich Bilder!«

Altäre aus Schlafstein,
Droben grüner Orgelton,
drunten wühlen schwarze Bässe.
Höckerweiber, Buckelgnomen,
todgeweiht im Sternenmoos.

Selten sickert Himmel
in die Säulenstille
Zaghaft Meisenlaut.

Nebelengel, lichtbegierig,
wallen empor
und fallen,
rhythmisch zerfetzt,
von der Felsenfuge.

Ha, hierher werdet ihr mir heute noch nicht folgen! Oder etwa doch? »Der Wald steht schwarz und schweiget / Und aus den Wiesen steiget / Der« Helicop- Draaaaaaaaah!

Ich verstehe: Märchenton und Idylle als Irrgarten, Fallenlabyrinth; Rollenspiel und sinnliche Aggression im Dienste einer ständigen Polemik gegen das, wovon Sie sich absetzen, also von...

deep frozen food, Käsespray, Bierpuiva, Vokabeldämmerung, Angestelltenkultur...

Dabei fürchte ich aber doch ein wenig um Ihre Identitäts-Balance...

(Hundskopfstimme)!
Ja freili, weads da langweilig, wuist ausse!?
I ko Das need vadenga! Wart a bissl, vielleicht...

Wobei ich zubillige, dass Sie einiges geleistet haben, was die Entlarvung des Ichs als grammatikalisch gespeiste Fiktion, was die Sichtbarmachung des Einzelwesens als Kollektiv betrifft. Paradoxerweise haftet nun gerade Ihrem lyrischen Ich ein bei aller Ambivalenz bejahendes Verhältnis zur Sprache?! Die...

(Hundemaunzen)

Mia hambs boid!
Die Sprache weiß mehr als ein jeder. Und dennoch faßt sie nicht einen von uns. Es sei denn, er gebe ihr Wort!

ANFLUG

Ein lichter Vogel
schwebt herab
über die Wasser.

Vergeblich
müht er sich,
Fuß zu fassen
auf einem Stück
Treibgut.

So manche Leute:
erregen Aufmerksamkeit,
wecken Hoffnungen
(endlich ein bißchen
Farbe in der Wellenweite,
ein kleiner Halt
im kalten Grau!)

dann jedoch
gibt man auf, muß weiter.

Ein Anflug von Geist,
aber keine Landung.

DER BRECHER

Über das Knochenbett
wankend im Rammlied
der See, beschossen
vom Distelwind, sang er
geschlossenen Munds
erstarrbende Zeilen
städtischen Hartsinns,
bis
ein Brecher hereinkam
und in Wirbeln
tönenden Salzes
jeder Gedanke
an ein Echo
aus Wandelgängen
des Schädelbaus
ichverlöschend
zerging auf
bittergrüner Zunge.

VARIATION EINES THEMAS
VON OSSIP MANDELSTAM
(Nicht zu schnell · Entschieden)

Ungelenk vor dem Hereinbruch malmender Schritte
– vier schwarze Zehensterne
barmwürdig ins Leere gereckt
beim Purzeln über Steinschrot
und rollsüchtige Hölzer –
strebt der Salamander wie oft vergeblich
unter die Moosbank
das alchimistische Feuer zu bergen
im Wackenlabyrinth

So ist's meist nur eine symbolische Flucht
die er zuweg bringt (eine fuga imitata):
ich schiebe den Kopf ins Lungenkraut
harre unterm Salomonssiegel
das sollte genügen
Andeutungsweise
bin ich jetzt schon einer
der nie gewesen sein wird
mehr zu verlangen wäre plump

Das Wetterleuchten meiner Färbung sei mit euch
nur bitte verschattet nicht meinen Tag!
Lang genug lähmte mich Steinschlaf
Lang genug leistete ich mein Atemwerk unterirdisch
Wo kein Wort gedieh kein Baum kein Herz
ertrotzte ich Fühlfähigkeit
für den gestundeten Blitz

die Stürme im Nervenbaum
und die Sinfonik oxydierender Erze

Mineralische Beklemmung straft
wer mich mit Blicken peinigt
Der Sinne Tod jedoch
kennt keine Augen vormenschlicher Güte
Handsgemein
wo nicht feig mit einem Stecken stochernd
gegen den Widerschein von Nacht und Flamme
spielt er sich auf als Schicksal
- - - - -
und es ist auch
eines denkenden Salamanders Ende

An seiner Statt ich im finsteren Gelaß
schwarze Blumen zählend
in die Pausen des Untergangs
weil sich die Bilder
dem Drama des kreisenden Blutes versagen
An seiner Statt ich
in die Erde verschmiert eingewohnt unter Grund
für den Preis eines kalten Herzens
doch belebt vom alkalischen NEIN

Denn immer noch ist's vitaler
verlorenzugehen unter Nebelschiffen
als tote Wörter aufzureihen
zum Lob der Herrenrasse
Ihre Gunst ist Dunst   Spott bewahre
daß ich mich gemein mache mit ihr!
»Gefährde dein Leben sinnvoll«

Solch erhöhtes Fleisch und Blut
ist kein Atemfähnchen wert

Salamander   Salamander
Du bist nicht zu enträtseln in deiner Augentiefe
Laß mich ein ins Bergwerk der Träume
Wohin kein Windquirl dringt kein Staubdämon
kein Schneelicht der Anemone
in der herabtropfenden Nacht
zuhaupt verworfene Ekstasen
bei Sintersäulen und Ammoniten
will ich sühnen und erinnern Salamander
einen Tag von deinem Augenklar
während die Sprache der Mein-Eidigen
verraucht am Ohr der Doline

(flüsternd zum Hund) Wos hob i Da gsogt?!
Iatz is eigschlofn.
(Maunzen)
Pssssssst! Kimm, iatz schleich ma uns davo!

TJA, NACHDEM SIE SICH NUN OFFENBAR ETWAS BERUHIGT HABEN, HERR DICK, DIE FRAGE: MACHEN SIE SICH NICHT ETWAS ABNORM SEHNSÜCHTIG ZUM OBJEKT DER DINGE: REIN REZEPTIV ZUM BLOSSEN OBJEKT IHRER WAHRNEHMUNGEN?

Uuuuiii! Iatz druckans aba ausse, dSemesterl!
Trotzdem, 's is wos dro. Sie megn des
Geisteskrankheit hoaßn, aba
iagndwia
= 5;& % +++ === &&&
(Pantomime eines Wahnsinnigen)
hob i hoit aa mei Strategie zum Übaleem!

JA, IST DENN IHRE SITUATION *unlebbar* GEWORDEN?

Eanane scho aa! Bloß mächtnSas need wohr hom!
Phänomen menschlicher Geistesgeschichte:
Ausweichen vor dem Konkreten.
Wegschaugn. Wegliagn.
Aba wemma siehcht, wias unsan Schtean vapuivan,
fia nix mit Dividende, sinnlos, nach der Parole:
Heit no a Gschäft – – – Gschäftal – – – Ablauf,
hammas wieda: Bisi-Business!
... nach mia dSindflut.

WELCHEN AUSWEG SEHEN SIE?

Ludwig Marcuse: Weniger verbrauchen, um weniger
verdienen zu müssen. Sinn-Produktion, need
Massenproduktion. Oda, wia da Ed sogt:
Vazichts doch auf eiane goidlackiatn
Plastikarschforma,
auf eire fourniertn Klosettdeckl,
auf eia rostfrei's Backpuiva,
auf den ganzn Plämpi, vom sonnabatteriegschpeistn
Nosnwäama bis zum SeibstwendaKindasarg mit
Windradl!
Lebts mehra ausm Hirn
und weniga ausm Kaufhaus,
daß no ebbs ibrig bleibt fia eire Schraatzn!

Ja, ob alle...

Sie hom mi nachm Weg gfrogt. Daßn kaum oana gäh
wui, woaß i aa.   Drum kimmt ja s grouße,
technisch garantiat perfekte Varrrrrecka!

Allleeee: saand Ausreed fia de Meistn. Jeda
vaschteckt si hintam andan: dea zeascht, dann iiii!
Aba i wart need. I hob ogfangt. I lebs vor – – –
und schreib mit, zoag, was zum Gwinna is, wemma
amoi entdeckt hot: need *money* – sondan *time* is life!

Konsequent, gewiss...!

Dees »gewiß« isa Abweahweatal, is a
Na-liaba-need-freilich-doch, genau wie
Jaaa-aaaabaa!
(gelangweilt)

Dabei gib i durchaus zua: Erkannte Weisheit
is no lang need *glebte*. Und ohne Arbat,
automatisch, scho glei gorneed!
(gähnend) Reedma vonebbs andam!
In dera Gseischaft, de ois fordat – vo de andan –
und nix von si seiba, bleibt aa dVanunft
aussichtslos in da Mindaheit.

Das klingt resigniert, bitta!

Wemma siehcht, wias an Baam der Erkenntnis
umdraht hom – zum Mastn im Narrnschiff?!

Aba Sie sitzen doch mit drinnen!

Do teischnS Eana, Frailein! 68ge   bini iba Bord ganga.
Seithea schwimmi – need nua finanziell!

Das kann nicht jeder!

Woasi aa. I valangs aa need von am jädn!
Aba drei oda viare von Zehne kanntns wenigstens
amoi probian, und dann...

Und warum tun Sie's nicht?

Was frognS do *mi*?   Zfeig. Zgleichguitig.
Zbequem. Oft aa no gor need aufn Gschmack
kemma, sLebm no gor need entdeckt oda zuaglossn.

Und wie wollen Sie die Menschheit ändan?

Wia kannt i dees woin?   Bin doch need
missio-narrisch!   Aba wemmi oana frogt, nacha
sogi natiali: D'Revolution fangt oo,
wenn mia uns ändan!   Dees leb i voa. Damits voa mia
koa Ausred gibt, vowegn, dees gangat need!

SCHREIBEND?

I trenn need zwischn schreibm und schprechn.
Chianti tringa, Knoblauch schneidn, Woikn nachsinna,
Sozialarbeit, ins Cello neisinga, Jean Paul lesn,
Freind bsuacha, Radl fahrn (solangs no gäht),
Gschichtn ohean und erfindn, Pfeifn raacha...

DENNOCH EINE ZIELGRUPPE...

I ziel weda auf Gruppm, no schiaß i af Oanzlne;
seibst, wenni manchmoi – – – sogar Notwehr
geitnd machn kannt!

SIE WEICHEN AUS!

(Zarah Leander)
Ihhhhnen nicht! *(schmachtend)* Mahhhdammmmmm!
Ich   schteh   üm Rrrreegennnnn...

FÜR WEN SCHREIBEN SIE?

...und warrrrt   auf Dichchchchch!
Fußnote 27, Sauwaldprosa.
Und weil Sie koa Ausnahme need saan, glei no ebbs
SchneeBallistisches fia BellCanto, Titel:

CANIS LITTERATUS

Manchmal, werte Bücherkunden,
wünsche ich, Ihr kämt allesamt
auf den Hund!

Auf meinen Bruder im Fell,
den bernsteinäugigen
Nasenkönig Arco,
Kiefersfelden, Pendlinger Straße 8.

Bald eine Ode für den Menschenfreund,
heut' nur so viel: Er
war noch nie ein Spielverderber.
Auch nach dem hundertsten
salto vitale,
Steilhang hinab ins Harschfeld,
fetzt er heran, dem nächsten Wurf
zu lauern: geduckt,
zum Wolfssprung bereit
– grün glost sein Blick, Dampf
aus den Ohren –
gebannt, durch nichts abzulenken,
sekunden-, minutenlang, bis
mir der Arm lahmt und
ich den Schneeball... Klapp,
hat ihn schon.

Und werf ich ihm zwei, drei
Bälle zugleich, schnellt er empor,
sich den höchsten,
schwierigsten zu schnappen.
Euch aber, Ihr sogenannten Leser,
hör ich oft stöhnen
vor einem einzigen ungewohnten Satz!

Alles Spiel? Kein Ausdruckszwang?

Freili daatns mia gean dAugn ausdruckn.

Wea?

D'Berufsblindn, D'Vorteilsblindn. D'Bewandtnisblindn.

Ääähhmm, man spricht zua Zeit von einem Lyrikboom?!

Snobbies hobbies. Mi juckt dees need.
Voa zwanzg Johr hots ghoaßn: Lyrik ist tot.
Do hob i Gedichte gschriebm wia heit aa.
Iatz wead na boid amoi dMundart passee sei,
na fang i vielleicht eascht richtig oo!
Indoeurobairisch, wia im Öd...

Aba ein bisschön Anpassung?

(spuckt aus) Tuuiii! *(angeekelt)*
Männchen machen vor Literaturbetriebsbossen

und dann über die Freiheit des Geistes schreiben,
pfuiteufel!

ABA EIN BISSCHEN ECHO...

Bisibisibißchen!   Iatz heanS amoi auf, z'*machn*!
D'Nachtigoi im Park singt, wenns satt is
und Lust hot   und need, weil a Aufnahmewagn
vom Rundfunk hinta da Heckn schtäht!

ABA DEA MARKT...

...is fias Zuchtvieh: MMMMmmmmmooooouuuuhhhh-
gän wissttuu klicklich saaain!

KANN MAN DENN SEINER ZEIT ENTKOMMEN?

Geschäftszeit – – – is bloß *oa* Zeit. Freili,
manchmoi (machmal hätti iatz fast scho
gsogt!), manchmoi muaß aa i mei Geschäftal
...bisibisi-ness – – – machn.

SCHON-SCHON, DOCH WEN ERREICHEN SIE DENN
OHNE...

A poor Tausnd glangan mia, wenns de Richtign
saan! Moanan Sie, i vadua mei Leem fiara
Meaheit, dee need denga wui?! Inam Deitschland,
dees seine bestn Kepf need kennt. Wia Karl
Kraus zoagt hot. Wia Arno Schmidt zoagt hot.
An Schreibtisch-Märtyrertod fiara Voik, dem heit
nix üba sei tägliche Mattscheibm gäht? Na!

Und außadem: *Andane* ham aa no wos zum Sogn,
da braach i mi need zdick machn!
Aaaa mächtineed oana vo dene sei, de wo
dWahrheit vakündn – – – gegn Voipension.
Liaba gäh i no ois Erdalfrosch!

Aber Geld müssen Sie doch verdienen!?

(wirsch) I *vadien* mehra ois wia Sie und Eana Chef!

Na also!

Aba i kriags need, wosi vadien!

Das versteh ich nicht!

Dofia weanS zoiht!

Und wovon Leben Sie???!

I binnnnns Leem!
A vaschtümmete Seei,
a abgmetzgata Baam,
a zammgwoizta Igl,
a kanalisiata Boch,
a zuagschitta Froschteich,
a ibadüngte Wiesn
quääält mi zdout:
Dees bin ois iii!

Unda Lächln beim
Schpaziangeh,

a Aug, dees schtandhoit',
a Kleibal voam Fensta,
a Quippal im See,
Antennenflitzal untaram Schtoa,
a Ringlnatta am Inndamm,
und i leeb auf:
dees bin ois iii!

Aba Geld, Geld brauchen doch auch Sie!?

Unta andam. So an siebzehnta, achtzenta, manchmoi an fünfta Schtei. Jednfois oiwei weniga, wia dem mark-gängigen / – – *(bricht ab, wirsch)*
Omnia mea mecum porto zahlt Empfänger – eh need. De Freiheit zu Brot und Wasser hob i oiweih! A poor Weitn im Kopf und im Tascherl a Handgeid fias Essn; *mehr* mächt i need   wegnehma   de Andan.

Und wenn nun eines Ihrer Bücher zum Seller würde?

Na waars a Mißverständnis. Aba dees braach i need fiachtn: Der Denkverzicht des Industriebürgers ist bestens gemänätscht, die Infantilisierung und Banalisierung der Mehrheit von Schule an garantiert. Siehe Sauwaldprosa, Taschenbuchstabe F. Erledigung der Phantasie durch totale Gegenwart der Massenmedien. Plus Fertigteilsprache, Legos statt Logos. Des Sprechens entwöhnt, sind sie unmündig, Produkte ihrer Produkte. Pro+? = Für? Dukti! Pro = Für? Duck di! Na, na, mei Verweigerungsprosa wead scho koa Gschäft need. I pfeif auf populäre Resonanz!

So vereinfacht...

D'Leit zoihn gean und vui – – – wenns nua need denga miassn!   So, wias aa mi am groußzügigstn schmiaratn, wenni aufherad mit meiner Art, z'leem, und eana dafia partei-paralytische Redensarten, Marketingltangl oda voiksdümmliche Weabesprich textn daat. Olle Johr kriagi soichane »Angebote«!

Und?

Geld stinkt. Wia hoit gewisse Lebensnotdürfte aa. An Astralleib homma koan. Aba deswegn hock i doch need lebensquenglich aufm Lokus, oda?!   Andane Leit megn do eanane Dauerstellung findn, i jednfois woas ebbs bessas! Locus poetae non water closet est host mi?!

Hochmütig klingt das, elitär!

Ojeggal. Iatz kimmt wieda des Klickwort 413, Serie LMA, Regista Numma Nein, Schdandardausgabe: Hochmut sagt der Kleinmütige, der Selbstbewußtsein und Größenwahn nimma ausanandadenga ko in seim Konsumkepfal. Und elitär   hoaßt ma, wearan Wortschatz übad Buidzeitung naus hot! Weisheit gibts nur im Singular. Ansonstn winsch i Eana an frehlichn Kaufhausgottesdienst!
(reicht ein Zehnerl)
Deaf i Eana dabei behilflich sei, dooooo, nehmanS dees!

(sie weist es verschämt ab)

Also nein, nicht nötich, Sie...

Iatz deans doch need so gschamig. Soo vui is' aa
wieda need. SchaugnS doch zeascht amoi nache!

Ein Zehnerl?!!

Ja, und kanntnS dees bittschän aufn Bodn weafn?!

Natüalich! *(Pling!)*

(Jubel) Juuuuuuuuu-huuuuuuuu, is dees a Freid!

Weshalb? Wieso?

Weil iatz bei Eana aa amoi a Groschn gfoin is. *Oana* wenigstens – und dea kimmt wiedaramoi aus da Literatua!

(entrüstet) Also das   ist eine Frechheit! Unerhört!!! / !!!

(Weinerlich, jamernd) Uuuuhu-huuuuuuuuu!
U-hu-hu-huuuuuuuuu!

(Satanas pfeift heran)
Chchchchchchüüüüüüüüüüüüüüüüiiii-iiiiiiiiii!!
Mitleid zwingt mich herbei!
Mich rührt Dein Schmerz, verdammt noch mal:
bin ja kein Gott, den sowas kalt läßt!
Was weinst du so erbärmlich?

I hoits nimma auuu-huu-huus: Oiwei de gleichn
Frogn!   Oiwei de gleichn Ignoranzigkeitn:
bei 3000 Johr Lebmserfahrung, de wo ibaliefat is!

Nix bhoitns, de Briada!
Oiwei bloß Bisi-bisi-ness, Bisi-bisi-bisiness,
de geistign Saigling und *Bet*nässa:
De ganze Menschheitsentwicklung
sähngs oanzig ois Lohnfrage!

(Riesenbaby)
Habben, hahahabben, habbi-habbi, häppchenend,
habendländische Entwicklung *(Affe mit Greifbewegungen)*,
habben!

Zum Teufel, der ich bin: !:
weißt Du Dir nicht zu helfen?!
Dieses Gemensch, das seinesgleichen
stöhnend zeugt und lächelnd abmurkst!
Licht bringst Du nie in diese FinsterNüsse;
Lucida intervalla bestenfalls,
und einen solchen nütz, um zu verschwinden!
Aus drei mach zwei, aus zwei mach drei:
so gib ihr einen Besen,
und wenns dich juckt, sitz auf und zeigs ihr
in den Lüften!
Aus zwei mach drei, aus drei mach eins:

Sterbt wohl!   . . .

. . . hob i no gsogt – und bin davo. Mitm Hippel
seim »Ritter von A bis Z«, und gsähng,
wia si da Kalkspat vawandlt hot   vor meine Augn,
siebmhundat moi,   und inam Eisberg
is dees Orglstick vo da Glagolithischn Messn
eigfrorn gwen, und auftaut oanzigs, weil i

Zeit ghabt hab,   untaram Nußbaam zliegn,
need weit vom Beilstein   ibam Regn   und ins
Luftmeer ztaucha, tiaf, tiaf nauf!

(langsam, eindringlich)

Hirnbrütig walzte das Volk nach Hause
Freund Klapperbein soff Kindlbier
Mütter gebaren Totenköpfe

Der Hüter des Honigs verließ das Land
Die Seen verfaulten   Die großen Städte
erstickten im Kot
Die Tolle Grete ging in Serie
Sie fraß das Pulver tonnenweise
Dann schufen sie die Lichtkanone:
Die Menschen sind des Menschen Tod

Meine Ars moriendi?
Spiel und Verwandlung, das Atemwerk,
Lustvolle Sterbehilfe
für jene Wenigen, die sich nicht belügen
in Schwundworten... Gott,   Heimat, Sachzwänge.
Dagegen leben, sprechen. Dies Nein in Varianten.
Formale Phantasie statt Neurose.

Gedanken, wie Heupferdchen,
schnellen fort.
In kühnem Satz
dem Firmament entgegen.
Und landen dann doch
bei Blume und Halm.

Wieder und wieder und
dennoch
jedesmal:
welch ein Abenteuer!

So entlaste ich mich von der Trauer,
einer Rasse anzugehören,
deren Töter-Triumph   über Pflanze und Tier...
(abwinkend)

Den-noch lebe ich,
ein Überläufer ins Lager der Kreatur,
und Augen vormenschlicher Güte
weisen mich nicht ab.

Wolke, Stein und Stern –
ich werde sein, was ich sehe
und immer lustvoller
lerne ich abzusehen von mir.

(Hundemaunzen)   Ja, Arco, freili, iatz gähma!

Zu den Texten

»Sprache, nicht Schreibe!« ist das Motto dieser drei Solopartituren, in denen Uwe Dick sein »Theater der Dichtung« verwirklicht hat, das den direkten Kontakt mit dem Pulikum (ländlichem wie großstädtischem) sucht und ihn für seine Weiterentfaltung benötigt. Mit der szenischen Lebendigkeit ihrer Darbietung nimmt der Autor gerne die Nähe zum Volksstück, zum Mund-Art-Kunstwerk in Kauf, wenn er nur nicht in den Geruch jener landesüblichen »Wortgottesdienste« gerät, die man gern »Dichterlesungen« nennt.

Der Öd, *Das Bio-Drama eines Amok denkenden Monsters*

Von Anfang an als (Einmann-)Bühnenstück konzipiert. Notizen seit 1967: Kommt daher in Redensarten, baut sich auf aus Sprichwörtern. Arsenal-Tiraden. Bier dazu und Schnaps. Moderne Mischtechnik. »Aufmisch«-Technik. Einer wird fertig gemacht. So quasi: »Ma muaß aa amoi a Aug ausdrucka kenna.«
Niederschrift 1975. Nach Rezitationen in Regensburg, Bayreuth, Meran und anderen Städten Aufnahme einer Langspielplatte, die 1980 mit dem beigelegten Typoskript im Ehrenwirth-Verlag, München, erscheint. Während mehrwöchiger Gastspiele in der »Drehleier« und im »Fraunhofer-Theater« erhält das Biertischweltheater seine letzte, die «Münchner Fassung«. Buchausgabe im Andreas Haller Verlag, Passau 1983. Nachdruck: »Bayeri-

sches Lesebuch«, Hrsg. Günther Lutz (Serie Piper 431, München 1985). Nach mehr als 200 Aufführungen des ÖD zwischen Graz und Aschaffenburg spielt der Autor das Monodrama nur noch sporadisch; 1986 für eine Fernsehaufzeichnung des BR im Münchner »Hinterhof-Theater«.

Monolog eines Radfahrers, *Überlebensprosa*

Notizen seit 1976: Eine »veloziferische AnthropoZentrifuge, in der, nach einer Denkbildkette zwischen dem Wasserburger Innstau und der Attelmündung Trost und Tonalität buchstäblich, nein, schreiwörtlich auf der Strecke bleiben: Motoren-Bolero. Die Sprache der Lebenden zerbirst im KarossenCrescendo. Ich lasse sie aufheulen, die Insassen einer verfahrenen Zeit, die todverspielte, massakrierende, tempogeile, autohypnotisch entmentschte Rasse, deren hochtourig überdrehter Leerlauf in den Himmel heult: »Unser täglich Blut gib uns Meute!«

Niederschrift im Winter 1983/84. Einzelausgabe(n) im Andreas Haller Verlag, Passau 1985, 1986 (mit einer Titelseite von Rainer Dillen). Am 27.10.1985 als Hörspiel im Bayerischen Rundfunk. Binnen weniger Monate mehr als 70 Rezitationen. Übernahme in die »Sauwaldprosa« (Piper 1987).

Cantus firmus für Solisten mit Pferdefuß

Geplant seit 1976: Für wen schreiben Sie? – Kann Literatur die Gesellschaft verändern?
»... Na schön, ich wills ihnen vorweg beantworten. Ein für

allemal. Politisch, aerodynamisch, synkopisch und sexuell. Sinnesenergien bis zur Wortexplosion. Und den Literaturfreunden sei's ein Spaß, eine Himmel+Höllenfahrt, nach der wir »Frau Welt« (mal wieder) ausgezogen finden. Bis auf die letzte Phrase: Aufspaltungskomödie und Selbstportrait (Anthologie inclusive), Verwirrspiel, das zeigt: Das Ichgefühl ist eine Täuschung – aber keine Lüge. materia appetit formampf...« (Aus einem Brief im Februar 1978, der Entstehungszeit des Cantus firmus) – Vor der Uraufführung im Theater Baden-Baden am 9. 3. 1984, ausgestrahlt vom SWF am 24. und 25. Mai, gab es zahlreiche Probe-Aufführungen sowie Studio-Aufnahmen einzelner Passagen für den Bayerischen Rundfunk.

Uwe Dick als DER ÖD im Fraunhofer-Theater

»Glaab oda schtirb!«

»I..., iiiiiii glaab ois – zamm wosi dawisch!«

»Drum sog i oiwei: In dubio pro Deo!«

Der Autor beim Schlußapplaus

Szenische Lesung: *MONOLOG EINES RADFAHRERS*

„Ein panakustisches Optikum für Hundskopfstimme, Saxophon, Kontrabaß, Lachmöve, Religion und Weißes Rauschen."

Uraufführung

UWE DICK
CANTUS FIRMUS
FÜR SOLISTEN
MIT PFERDEFUSS

Einmalig am Freitag, 9. März 1984, 20 Uhr,
im THEATER IM ALTEN BAHNHOF.

Eine Gemeinschaftsveranstaltung
des THEATERS BADEN-BADEN mit dem SÜDWESTFUNK.

Karten 8 Mark an der Theaterkasse und im Taschenbuchladen Möller.

SÜDWESTFUNK

TBB — THEATER BADEN-BADEN   **SWF**   **TBB** — THEATER BADEN-BADEN

Mikrophon frei... für den CANTUS FIRMUS in Baden-Baden (SWF)

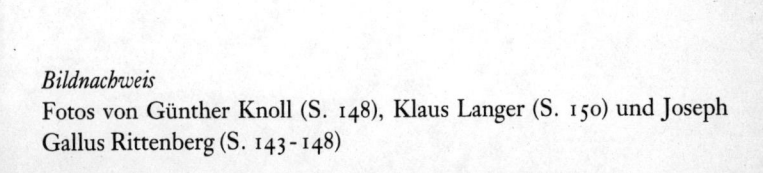

Bildnachweis
Fotos von Günther Knoll (S. 148), Klaus Langer (S. 150) und Joseph Gallus Rittenberg (S. 143-148)

Uwe Dick

Sauwaldprosa
257 Seiten. Leinen

Uwe Dick, 1986 mit dem Marieluise-Fleißer-Preis ausgezeichnet, gestaltet mit dem gewaltigen »Wortwurzelwerk« seiner »Sauwaldprosa« einen Gegenentwurf zur fortschritts- und profiorientierten Gegenwart und schafft einen epischen Raum, in dem Sauen wie Wälder gleichermaßen mit und neben den Menschen gedeihen können.

Theriak
13 Fügungen
Mit einem Essay von Eva Hesse: »Niemands Zeitgenosse«?
Zur Gegenwart von Uwe Dick.
174 Seiten. Serie Piper 564

»Uwe Dick ist, soviel ich weiß, der erste Autor von Format im deutschen Raum, der den allgegenwärtigen stillschweigenden Verrat am Leben konsequent zur Sprache bringt... Sein Werk ist insgesamt der Versuch einer Entlarvung von Lebenslügen mittels der Rückführung aufs Authentische, Ursprüngliche und Sinngefällige...« So charakterisiert Eva Hesse in ihrem großangelegten Essay die Besonderheit des Lyrikers Uwe Dick – eine Besonderheit, die als Absonderlichkeit nur anzusehen vermag, wem die Zerstörung der Welt, unseres eigenen Lebens, gleichgültig ist. Ihm gelten Uwe Dicks Verse.

»Sein Werk wird durchweg vorangetrieben von der Einsicht, daß die ökologische Krise der Industriegesellschaft kein isolierter Teilaspekt des gegenwärtigen Spektrums ist, sondern ein Komplex, der zwangsläufig alle Ebenen unseres persönlichen, gesellschaftlichen und politischen Lebens erfaßt.« K. H. Kramberg, Süddeutsche Zeitung

PIPER

Siegfried Zimmerschied

Für Frieden und Freiheit
Ein Holzweg in vierzehn Stationen
128 Seiten. Serie Piper 552

Vierzehn Stationen benötigt der Hausmeister Wick Wimmer auf seinem »Holzweg«, der ihn unaufhaltsam zum aussichtsreichen Kandidaten einer christlichen Partei aufsteigen läßt – als »Alibiwurzelsepp«. Wie seltsam leicht sich alles fügt, wie die erwünschten Ehrenämter und öffentlichen Würden einem mit dem rechten Parteibuch und der passenden Gesinnung von selbst zufallen, das verblüfft Wick Wimmer genauso wie der jähe Sturz aus dem Himmel christlicher Politik, der ihn am Ende dieser Szenenfolge ereilt.
Siegfried Zimmerschied kennt das dargestellte Milieu aus eigener (leidvoller) Erfahrung – schon seit Jahren ist er die Laus im Filz der Passauer Heiligen Allianzen – mit seinem Wick Wimmer hat er eine Gestalt geschaffen, die exemplarisch Opfer wie Mittäter dieser allerchristlichen Union ist.

A ganz a miesa, dafeida, dreckada Dreck san Sie
Fotos und Gestaltung von Joseph Gallus Rittenberg
218 Seiten. Serie Piper 598

PIPER

Karl Valentin

Die Friedenspfeife
Eine Auswahl aus dem Werk.
121 Seiten. Serie Piper 311

Gesammelte Werke in einem Band
Herausgegeben von Michael Schulte.
649 Seiten. Geb.

Ich hätt geküßt die Spur von Deinem Tritt
Musikclownerien. Herausgegeben und mit einem Nachwort von Karl Riha.
189 Seiten mit 21 Abbildungen und Faksimiles. Serie Piper 863

Die Jugendstreiche des Knaben Karl
Herausgegeben von Bertl Valentin-Böheim.
116 Seiten mit 70 Zeichnungen von Ludwig Greiner. Serie Piper 458

Klagelied einer Wirtshaussemmel
Mit einem Liebesbrief an Hanna Schygulla.
128 Seiten. Serie Piper 995

Riesenblödsinn
Eine Auswahl aus dem Werk. 159 Seiten. Serie Piper 416

Der Jaguar, der Jaguar
Illustriert von Janosch. 79 Seiten. Serie Piper 790

Das Valentin-Buch
Von und über Karl Valentin in Texten und Bildern. Hrsg. von Michael Schulte. 535 Seiten mit 111 Abbildungen und Faksimiles.
Serie Piper 370

Piper

Karl Valentin
Mein komisches Wörterbuch

Herausgegeben von Dieter Wöhrle. 135 Seiten mit
24 Illustrationen von Borislav Sajtinac. Geb.

Daß er ein Meister war im Verdrehen des Wortes, im Querlegen des Sinnes, den der seiner eigenen Definition nach »gesunde« Menschenverstand diesem zuordnet, ist hinlänglich bekannt. Karl Valentins verbale Grotesken, die heillosen Verwirrungen, die er auf dem Gebiet der vernünftigen Vokabeln angerichtet hat, mußten bisher allerdings mühsam aus seinem Werk herausgeklaubt werden – ein beschwerliches Unterfangen für Vereinsvorstände, Partyplauderer, für Feierabendkomiker und Kanzlerkandidaten. »Karl Valentins komisches Wörterbuch« macht diesem unhaltbaren Zustand nun ein Ende: Sorgfältig sortiert nach den Buchstaben des Alphabets findet der Leser hier eine quersinnige Definition nach der anderen – von »Abhängigkeit« (»Wir lassen uns das nicht gefallen, Sie sind auf uns nicht angewiesen, aber wir auf Sie, das müssen Sie sich merken!«) bis »Zukunft« (»Die Zeit war früher auch schon besser!«)
Gelockert wird die intellektuelle Anspannung, die das Verfolgen der valentinesken Querbeetereien erzeugt, durch die kongenialen Illustrationen von Borislav Sajtinac, der sich mit seiner surreal inspirierten Zeichenfeder als würdiger Adept Valentins erweist.
Dieses Buch gehört in alle Haushaltungen, als Ratgeber und Nachschlagewerk für alle Lebenslagen, denn: »Wissen Sie schon, daß mancher nicht weiß, was er wissen soll, obwohl er schon viel weiß und es selbst unbewußt nicht gewußt hat?«

PIPER

Ludwig Thoma

Agricola
Bauerngeschichten. Textrevision und Nachwort
von Bernhard Gajek. 164 Seiten. Serie Piper 487

Andreas Vöst
Bauernroman. Textrevision und Nachwort
von Bernhard Gajek. 355 Seiten. Serie Piper 806

Ausgewählte Werke
729 Seiten. Geb.

Heilige Nacht
Eine Weihnachtslegende.
Mit Zeichnungen von Wilhelm Schulz.
64 Seiten. Geb. (Auch in der Serie Piper 262 lieferbar)

Josef Filsers Briefwexel
Nachwort von Helga Fischer.
Mit 29 Zeichnungen von Eduard Thöny.
188 Seiten. Serie Piper 464

Lausbubengeschichten – Tante Frieda – Josef Filsers Briefwexel
355 Seiten. Geb.

Ein Leben in Briefen
(1875–1921). 503 Seiten und 26 Fotos. Leinen

PIPER

Ludwig Thoma

Magdalena
Ein Volksstück in drei Aufzügen.
Textrevision und Nachwort von Bernhard Gajek.
120 Seiten. Serie Piper 428

Mein Bayernland
Ausgewählt von Günther Lutz.
144 Seiten mit 12 Fotos. Geb.

Moral
Komödie in drei Akten.
Textrevision und Nachwort von Bernhard Gajek.
102 Seiten. Serie Piper 297

Der Münchner im Himmel
Satiren und Humoresken.
164 Seiten. Serie Piper 684

Münchnerinnen
Roman.
Textrevision und Nachwort von Bernhard Gajek.
209 Seiten. Geb.
(Auch in der Serie Piper 339 lieferbar)

Nachbarsleute
Kleinstadtgeschichten.
163 Seiten. Serie Piper 741

PIPER

Ludwig Thoma

Der Ruepp
Roman. Textrevision und Nachwort von
Bernhard Gajek. 247 Seiten. Serie Piper 543

Die schönsten Romane und Erzählungen
Jubiläumsausgabe in sechs Bänden. Herausgegeben von
Richard Lemp. 2053 Seiten. Geb.

Tante Frieda
Neue Lausbubengeschichten.
Mit 38 Zeichnungen von Olaf Gulbransson.
151 Seiten. Serie Piper 379

Der Wilderer
und andere Jägergeschichten
Textrevision und Nachwort von Bernhard Gajek.
119 Seiten. Serie Piper 321

Das Thoma-Buch
Von und über Ludwig Thoma in Texten und Bildern.
Herausgegeben von Richard Lemp.
511 Seiten. Serie Piper 641

PIPER